가장 빠른 시간 내에 **청취특별훈련** 끝내는 책

NEW Bunka® NIHONGO LISTENING 청취특별훈련

completed by Bunka Institute of Language

2

시사일본어사

『New Bunka NIHONGO 청취특별훈련(원제 : 楽しく聞こう)』는 1992년 우리나라에 첫선을 보인「분카 일본어」 시리즈 중의 하나로, 청해 연습용 교재입니다.

「New Bunka NIHONGO 입문회화 1,2 초급회화 1,2」 시리즈는 일본에 있는 文化日本語専門大学가 외국에서 온 유학생들에게 일본어를 가르치기 위해서 편찬한 것입니다. 그러므로 학습과 생활면에서 유학생들에게 필요한 여러 가지 내용을 테마로, 재미있고 즐겁게 공부할 수 있도록 구성되어 있습니다. 『New Bunka NIHONGO 청취특별훈련』의 전체적인 구성은「New Bunka NIHONGO 입문회화 1,2 초급회화 1,2」 시리즈의 각 과에 나오는 문형이나 토픽에서 발전시킨 것으로, 『New Bunka NIHONGO 청취특별훈련』 1권은 생활 회화에서 제 18과까지, 2권은 제 19과에서 제 36과까지로 되어 있습니다. 그리고 이 교재는 초급 학습자를 대상으로 하고 있지만, 중급 이상의 학습자도 청취 능력 향상을 위해 사용할 수 있습니다. 그러므로「New Bunka NIHONGO 입문회화 1,2 초급회화 1,2」 시리즈와 병행하거나, 그 교과서를 끝낸 다음에 사용하면 훨씬 학습 효과를 높일 수 있습니다.

그런데 학습자들이 교실 밖에서 드는 일본어는 속도가 빠를 뿐만 아니라 음성이 변하기도 하고 애매해서, 알아듣기 어려울 때가 많습니다. 더구나 회화에서는 같은 말이 반복되거나 생략이 많아지는 점 등, 교과서에서 배우는 기본문형과는 동떨어진 표현도 많습니다.

이런 갭을 메우기 위하여 『New Bunka NIHONGO 청취특별훈련』에서는 될 수 있는 한 보통 대화 속도로 이야기하고 반복되거나 겹쳐지는 소리도 그대로 삽입하여, 일본인들이 실제로 사용하는 일본어에 가깝도록 만들었습니다.

『New Bunka NIHONGO 청취특별훈련』의 구체적인 학습 목표는 청취 능력의 향상과 일본어에 대한 전반적인 이해 능력을 높이는 것에 있습니다. 따라서 문법이나 어구 해석 등에 너무 치중하지 말고, 그림을 보면서 무엇을 들을 것인가 하는 점을 파악한 다음, 즐거운 마음으로 CD를 들으면 됩니다. 그러면서 필요한 정보만을 얻는 훈련을 하도록 하십시오, CD의 일본어 부분 원고와 우리말 대역을 같이 실었으므로, 학습에 참고가 될 것입니다.

이 『New Bunka NIHONGO 청취특별훈련』로 학습자 여러분의 일본어 청취 능력이 크게 향상되기를 바라며, 한국판 간행을 허락해 주신 文化日本語専門大学에 감사를 드립니다.

차 례

1. 전체 구성

이 교재는「New Bunka NIHONGO 입문회화 1,2 초급회화 1,2」시리즈의 각 과의 문형 또는 토픽에서 발전시킨 것으로「New Bunka NIHONGO 입문회화 1,2 초급회화 1,2」시리즈에 대응한다.『New Bunka NIHONGO 청취특별훈련 1』에는「New Bunka NIHONGO」입문회화 1권과 2권이,『NEW Bunka NIHONGO 청취특별훈련 2』에는「New Bunka NIHONGO」초급회화 1권과 2권을 수록하였다.

2. 각 과의 구성

각 과는 오프닝 페이지, AURAL TEST, SCRIPT, ANSWER의 순으로 구성되어 있다.

a. 오프닝 페이지

그 과에서 다루어지는 토픽이나 어휘, 학습내용, 연습요령 등을 소개하였다.

b. AURAL TEST

Ⅰ과 Ⅱ로 구성되어 있는 과는 Ⅰ에서는 기본적인 구문이나 필요한 어구 등을 이해한 다음, Ⅱ에서 Ⅰ을 응용한 청해 연습을 한다. 또 독해와 Ⅰ로 구성되어 있는 과는 독해문의 내용이 CD를 이해하는 데 중요한 지침이 되므로, 반드시 그 내용을 파악하고 나서 CD를 들어야 한다.

문제에는 보기를 달아, 자세한 지시를 듣지 않고도 답을 쓸 수 있게 했으며, ＊표는 응용이나 발전학습의 예를 제시한 것이다.

c. SCRIPT

CD의 원고와 우리말 대역을 실었다. 대역은 직역을 원칙으로 하였으나, 표현 내용에 따라 의역한 부분이 많다. 회화의 전체적인 내용을 이해하고, 필요한 정보만을 골라 듣는 훈련이 중요하다.

d. ANSWER

문제의 해답이 실려 있으므로, 교실에서는 물론 혼자 공부하는 학습자도 답을 확인할 수 있다.

1. 학습자 여러분께

a. 문제를 잘 읽고 그림을 보며, 지금부터 들을 CD의 내용을 상상하십시오.

b. AURAL TEST Ⅰ은 기본연습이므로, 짧은 문장을 들으면서 CD의 속도에 익숙해지도록 하십시오. 이 단계에서 새로운 단어나 어려운 표현이 있으면 확인을 합니다. Ⅱ에서는 여러 사람이 여러 가지 다른 말투로 이야기하고 있습니다. 전부 들으려고 하지 말고, 필요한 정보만을 골라 듣는 것으로 충분합니다. 처음에는 빠르다는 느낌이 들겠지만, 점차로 CD의 속도에 익숙해질 것입니다.

c. CD를 다 듣고 답하는 것이 아니라 들으면서 답을 써야 한다는 점에 유의하십시오. 또 답하는 방법에는 ∨형식, ○×형식 등 여러 가지가 있으므로 주의하십시오.

d. 교실에서 이 교재를 사용할 때는 친구들이나 선생님과 함께 답을 확인합니다. 틀렸을 때는 한 번 더 CD를 들어 보십시오.

혼자서 공부하는 분은 해답을 보고, 스스로 채점을 해 보십시오. 처음에는 가능한 한 SCRIPT를 보지 않고 연습하는 것이 좋으나, 여러 번 들어도 이해되지 않는 부분은 SCRIPT를 참고하십시오.

2. 교사 여러분께

a. 먼저 교사 여러분이 CD를 들으면서 문제를 풀어 보시기 바랍니다. 그리고 위의 1(학습자 여러분께)을 참조하여, 학습자가 무엇을 들어야 하고 무엇을 듣지 않아도 되는지를 확인하십시오.

b. 각 과의 화제에 대한 질문과 대답을 통해 학습자가 이미지를 파악할 수 있도록 장면에 대해서도 충분히 설명한 후에 CD를 들려 주십시오.

c. AURAL TEST Ⅰ의 보기 부분을 함께 해 본 후에 CD를 멈추고, 답하는 방법을 학습자에게 확인시켜 주십시오.

d. 답을 맞춘 후, CD를 들려 주면서 다시 한 번 내용을 확인시켜 주십시오.

e. AURAL TEST Ⅱ는 Ⅰ에 비해 어려운 어구들이 나오지만, 특별한 지시가 없는 한, 학습자가 SCRIPT부분을 보지 않도록 해 주십시오.

f. CD는 2번(답을 쓸 때와 맞추고 난 다음) 들려 주는 것이 적당하지만, 학습자의 수준에 맞추어 어려운 부분을 중간에 반복해서 들려주어도 좋습니다.

g. 1과당 수업 시간은 20분에서 50분 정도가 적당합니다. 그러나 독해나 토의에 연결되어 있는 과는 그 배의 시간이 걸릴 수도 있습니다. 수업의 방법이나 학습자의 수준, 이해도에 맞추어 시간을 가감해 주십시오.

제19과(1)

あの人は誰ですか。

저 사람은 누구입니까?

토픽·어휘 의류・장식품

학습 내용 ① 의류・장식품 등을 착용하고 있는 상태에 관한 설명을 듣는다. (테이프 시간 : 4분 24초)

② 〈문법・문형〉 ～ています(상태)

연습 요령

- Ⅰ 단계 : 테이프를 듣고, 해당하는 그림의 기호를 괄호 안에 기입한다(같은 기호를 여러 번 사용해도 된다).
- Ⅱ 단계 : 테이프를 듣고, 해당하는 사람 이름의 기호를 네모 안에 기입한다.

AURAL TEST

Ⅰ. テープを聞いて（　）の中に記号を書きなさい。

例（ b ）

1（　　）**2**（　　）**3**（　　）**4**（　　）

5（　　）**6**（　　）**7**（　　）**8**（　　）

9（　　）**10**（　　）**11**（　　）**12**（　　）

a

b

c

d

e

f

II. テープを聞(き)いて □ の中(なか)に記号(きごう)を書(か)きなさい。

山田(やまだ)さん　リンさん

a．たろう
b．京子(きょうこ)
c．さとう
d．ワン
e．吉田(よしだ)
f．けい子(こ)
g．いとう
h．チン
i．田中一郎(たなかいちろう)

SCRIPT

Ⅰ．テープを聞いて、かっこの中に記号を書きなさい。

例）ワンピースを着ています。

1．ブラウスを着ています。
2．時計をしています。
3．帽子をかぶっています。
4．スカートをはいています。
5．ネクタイをしています。
6．着物を着ています。
7．めがねをかけています。
8．靴下をはいています。
9．スーツを着ています。
10．イヤリングをしています。
11．半ズボンをはいています。
12．ベルトをしています。

Ⅱ．テープを聞いて、しかくの中に記号を書きなさい。

例）B：帽子をかぶって、黒いブラウスを着ている人は誰ですか。
　　A：吉田さんです。

A：あ、リンさん。来てたんですか。
B：あ、山田さん。こんばんは。
A：こんばんは。お久しぶり。
B：本当に。お元気ですか。
A：ええ、リンさんも相変わらず？
B：はい。あ、あの、山田さん。
A：は？はいはい。
B：ここに来ている人の名前を教えてほしいんだけど。
A：ああ、リンさんは初めてだものね。いいですよ。
B：あのね、あのテーブルのそばにいる人は誰？
A：え？あの帽子をかぶっている人？
B：ええ、帽子をかぶって、黒いブラウスを着ている人。
A：ああ、あれは吉田さんよ。まあ、吉田さんたら、大きい指輪とイヤリングしちゃって。
B：それから、じゃあ、いすにすわっている人は誰と誰？
A：あの、白いブラウスを着て、ズボンをはいている人はね、ワンさんよ。
B：めがねをかけているのがワンさんね。じゃあ、その隣のスカートをはいている人は？
A：あれは佐藤さんよ。佐藤さんも可愛いブラウスを着ているわね。
B：そうね。じゃあ、テーブルの左側の2人は誰？あの男の人は…スーツを着ている人。あれは伊藤さん…だっけ。
A：そうそう、伊藤さん。伊藤さんと話しているのがチンさん。
B：あのワンピースを着て、ネックレスをしている人ね。
A：そう。あれがチンさん。
B：わかった。あれ、あの男の人は誰？
A：え？どの人？

Ⅰ. **테이프를 듣고, 괄호 안에 기호를 쓰시오.**

보기 원피스를 입고 있습니다.

1. 블라우스를 입고 있습니다.
2. 시계를 차고 있습니다.
3. 모자를 쓰고 있습니다.
4. 치마를 입고 있습니다.
5. 넥타이를 매고 있습니다.
6. 기모노를 입고 있습니다.
7. 안경을 쓰고 있습니다.
8. 양말을 신고 있습니다.
9. 슈트를(양복을) 입고 있습니다.
10. 귀걸이를 하고 있습니다.
11. 반바지를 입고 있습니다.
12. 벨트를 매고 있습니다.

Ⅱ. **테이프를 듣고, 네모 안에 기호를 쓰시오.**

보기 B : 모자를 쓰고, 검은 블라우스를 입고 있는 사람은 누구입니까?
A : 요시다 씨입니다.

A : 아, 린 씨, 와 있었군요.
B : 아, 야마다 씨, 안녕하세요?
A : 안녕하세요. 오래간만이군요.
B : 정말 그렇군요. (그 동안) 안녕하셨어요.
A : 예, 린 씨도 별일 없으시지요?
B : 예. 아, 저, 야마다 씨.
A : 예? 왜요.
B : 여기 와 있는 사람의 이름을 가르쳐 주셨으면 해서요.
A : 아아, 린 씨는 여기 처음이지요. 좋아요.
B : 저기요, 저 테이블 옆에 있는 사람은 누구(예요)?
A : 예? 저 모자를 쓰고 있는 사람 (말이에요)?
B : 예. 모자를 쓰고, 검은 블라우스를 입고 있는 사람.
A : 아아, 저 사람은 요시다 씨예요. 어머, 요시다 씨도 참, 큰 반지랑 귀걸이를 하고 있네.
B : 그리고, 그럼, 의자에 앉아 있는 사람은 누구랑 누구(예요)?
A : 저, 하얀 블라우스를 입고, 바지를 입고 있는 사람은요, 왕 씨예요.
B : 안경을 쓰고 있는 사람이 왕 씨군요. 그럼, 그 옆에 치마를 입고 있는 사람은?
A : 저 사람은 사또 씨예요. 사또 씨도 예쁜 블라우스를 입고 있군요.
B : 그렇군요. 그럼, 테이블 왼쪽에 있는 두사람은 누구죠? 저 남자는…양복을 입고 있는 사람. 저 사람은 이또 씨…던가요.
A : 맞아요, 이또 씨. 이또 씨와 이야기하고 있는 사람이 진 씨.
B : 저 원피스를 입고 목걸이를 하고 있는 사람 말이군요.
A : 그래요. 저 사람이 진 씨.
B : 알겠어요. 어머, 저 남자는 누구죠?
A : 에? 어느 사람?

B：あのジーパンをはいている人。白いシャツを着て、大きい黒い時計をしている人。

A：ああ、あれは田中さん。田中一郎さんよ。奥さんが来ないから待っているんじゃない？

B：ふうん。あ、あの着物を着ている人は？

A：ああ、あれは、けい子さん。

B：けい子さん？ああ、着物がよく似合うわね。

A：けい子さんのうちの息子さんも来ているわね。あれは太郎くんよ。

B：帽子をかぶって半ズボンをはいている子ね。

A：あ、京子さんが来た。

B：京子さん？あのスカートをはいて上着を着ている人？

A：そう。金田京子さん。

B：なるほど…いろいろと教えてくれてどうもありがとう。

A：いいえ。もう名前、大丈夫？

B：うん。ええと…あれ、たくさん聞いたから誰が誰だかわからなくなっちゃった。

A：ええ……しっかりしてよ、リンさん。

B : 저기 청바지를 입고 있는 사람. 하얀 셔츠를 입고, 크고 검은 시계를 차고 있는 사람.
A : 아아, 저 사람은 다나까 씨. 다나까 이찌로 씨예요. 부인이 안 와서 기다리고 있는 게 아닐까?
B : 으응, 아, 저기 기모노를 입고 있는 사람은?
A : 아아, 저 사람은, 게이꼬 씨.
B : 게이꼬 씨? 아아, 기모노가 잘 어울리네요.
A : 게이꼬 씨네 아드님도 와 있군요. 저 애가 다로 군이에요.
B : 모자를 쓰고 반바지를 입고 있는 아이 말이지요.
A : 아, 교꼬 씨가 왔다.
B : 교꼬 씨? 저기 치마를 입고, 웃도리을 입고 있는 사람?
A : 그래요. 가네다 교꼬 씨.
B : 정말 그렇군요…여러 가지 가르쳐 주어서 고마워요.
A : 뭘요. 이젠 이름, 다 알 만해요?
B : 예. 에…어머, 너무 많이 들어서 누가 누군지 모르게 되어 버렸네.
A : 예? 정신 차리세요, 린 씨.

ANSWER

Ⅰ. 1. c　2. d　3. b　4. c　5. f　6. a　7. d
8. e　9. f　10. b　11. e　12. d

Ⅱ. a. 白い帽子をかぶっている男の子です。
b. 黒いスカートをはいている女の人です。
c. グラスを持って、いすにすわっている女の人です。
d. めがねをかけて、いすにすわっている女の人です。
f. 着物を着ている人です。
g. スーツを着て、女の人と話している人です。
h. 白いワンピースを着て、ネックレスをしている人です。
i. ジーパンをはいて、時計をしている人です。

제19과(2)

まっすぐ行ってください。

똑바로 가십시오.

토픽·어휘 길을 알려 주는 말

학습 내용 ① 목적지까지 가는 길을 듣는다. (테이프 시간 : 6분 12초)
② 〈문법 · 문형〉 ～のところを, ～と～あります(조건 표현)

연습 요령

- I 단계 : ① 그림을 보고, 관계되는 말을 먼저 확인한다.
  ② 테이프를 듣고, 해당하는 그림에 번호를 기입한다.
- II 단계 : ① 그림에서 장소를 나타내는 말을 먼저 확인한다.
  ② 테이프를 듣고, 해당하는 그림에 번호를 기입한다.

AURAL TEST

I．テープを聞いて、例のように番号を書きなさい。

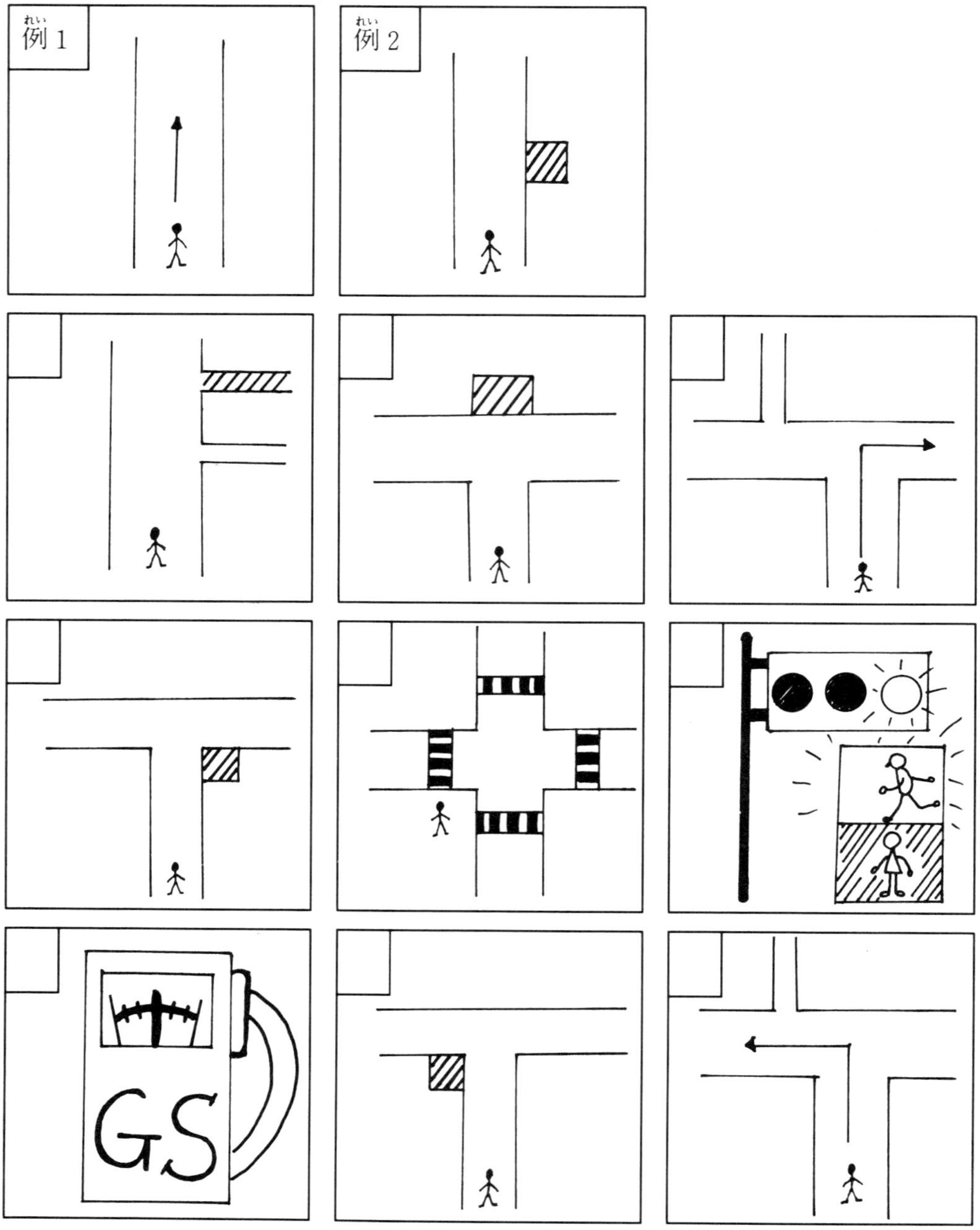

II. 正しい場所はどこですか。テープを聞いて、◯の中に番号を書きなさい。

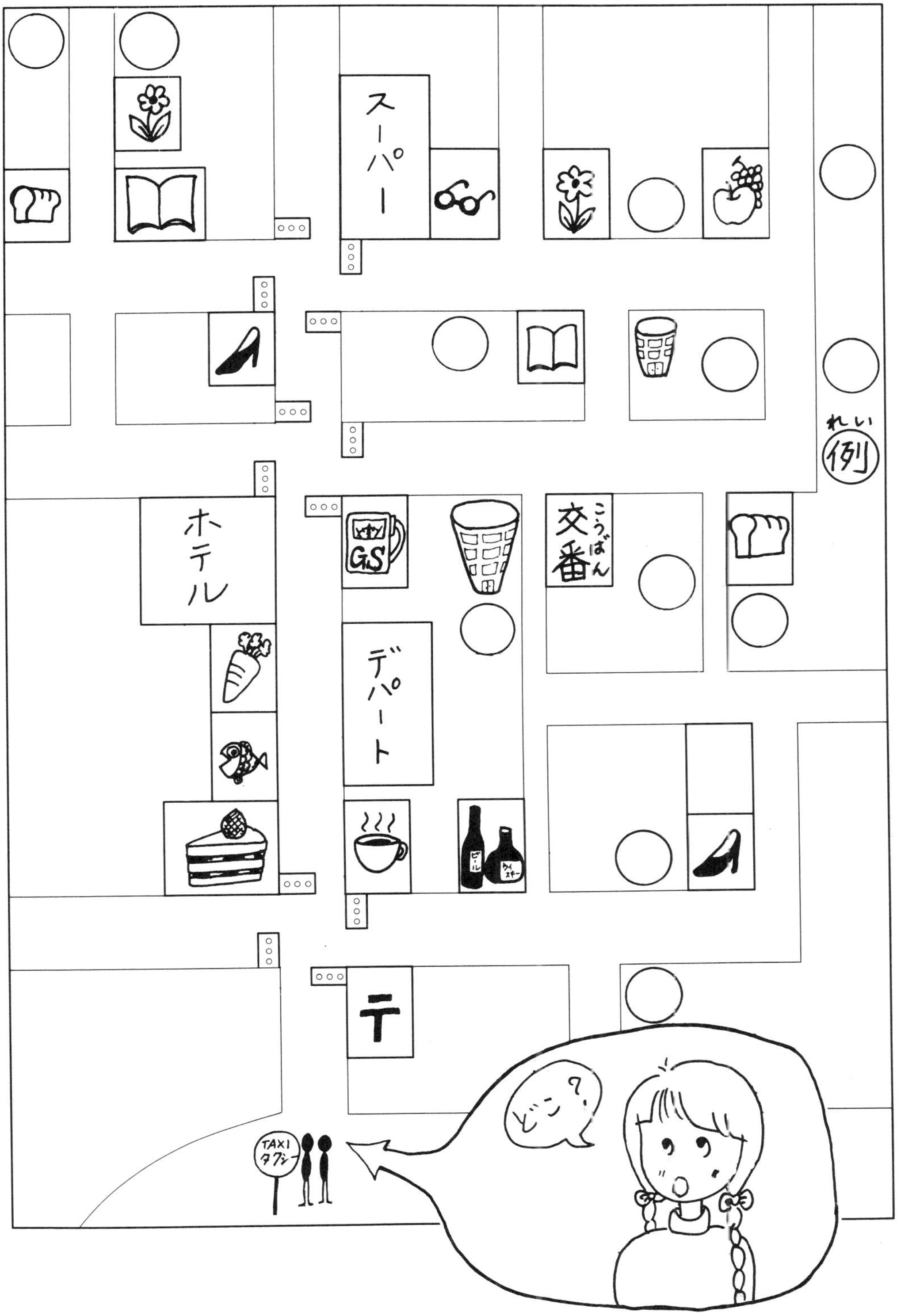

SCRIPT

Ⅰ．テープを聞いて、例のように番号を書きなさい。

例１）まっすぐ行きます。

例２）右側にあります。

１．右に曲がります。

２．左に曲がります。

３．突き当たりです。

４．左側の角です。

５．右側の角です。

６．交差点です。

７．信号です。

８．ガソリンスタンドです。

９．２つめの道です。

Ⅱ．正しい場所はどこですか。テープを聞いて、○の中に番号を書きなさい。

例）Ａ：あの、ちょっとすみません。
Ｂ：はい。
Ａ：あのう、さくら大学はどこでしょうか。
Ｂ：あ、さくら大学。この道をまっすぐ行くとガソリンスタンドがあるんですよ。
Ａ：はい。
Ｂ：そこを右に曲がって、またまっすぐ行くと突き当たりにありますよ。
Ａ：あ、そうですか。ありがとうございました。

１．Ａ：すみません、この辺に病院はありますか。
Ｂ：病院ですか…あそこに郵便局が見えるでしょう。
Ａ：ああ、あれ。
Ｂ：あの郵便局のところを右に曲がって、またまっすぐ行ってください。
Ａ：右に曲がって…まっすぐ…。
Ｂ：ええ、まっすぐ行くと、左側にありますよ。
Ａ：まっすぐ行って…左側、ですね。
Ｂ：はい。
Ａ：わかりました。ありがとうございました。

２．Ａ：あの、すみません。
Ｂ：はい。
Ａ：この辺に映画館は…。
Ｂ：あ、ありますよ。この道をね、まっすぐ行って、３つ目の信号のところを左に曲がってください。
Ａ：３つめの信号を、左ですね。
Ｂ：はい。それからまたまっすぐ行くと、大きい本屋さんがあるんですけどね。
Ａ：ええ。
Ｂ：その本屋さんのところを、ええと、今度は右に曲がって、少し行くと花屋があるんです。その花屋の隣ですよ。
Ａ：本屋さんのところを右ですね。遠いですか。

I. 테이프를 듣고, 보기와 같이 번호를 쓰시오.

보기 1 똑바로 갑니다.
보기 2 오른쪽에 있습니다.

1. 오른쪽으로 돌아갑니다.
2. 왼쪽으로 돌아갑니다.
3. 막다른 곳입니다.
4. 왼쪽 모퉁이입니다.
5. 오른쪽 모퉁이입니다.
6. 십자로입니다.
7. 신호(등)입니다.
8. 주유소입니다.
9. 두 번째 길입니다.

II. 맞는 장소는 어디입니까? 테이프를 듣고, ○ 속에 번호를 쓰시오.

보기 A : 저, 잠깐 실례하겠습니다.
B : 예.
A : 저…, 사꾸라대학교는 어디 있습니까?
B : 아, 사꾸라대학교요. 이 길을 곧바로 가면 주유소가 있어요.
A : 예.
B : 거기를 오른쪽으로 돌아서, 다시 똑바로 가면 막다른 곳에 있어요.
A : 아, 그렇습니까. 고맙습니다.

1. A : 실례합니다, 이 근처에 병원이 있습니까?
B : 병원이요…저기에 우체국이 보이지요?
A : 아아, 저기요?
B : 저 우체국 있는 곳을 오른쪽으로 돌아서, 다시 똑바로 가세요.
A : 오른쪽으로 돌아서…똑바로….
B : 예, 똑바로 가다 보면, 왼쪽에 있어요.
A : 똑바로 가서…왼쪽이군요?.
B : 예.
A : 알았습니다. 감사합니다.

2. A : 저, 실례합니다.
B : 예.
A : 이 근처에 영화관이…?
B : 아, 있습니다. 이 길을요, 똑바로 가서, 세 번째 신호등이 있는 데를 왼쪽으로 돌아가세요.
A : 세 번째 신호등에서, 왼쪽이군요.
B : 예. 그리고 나서 또 똑바로 가면, 큰 서점이 있는데요.
A : 예.
B : 그 서점이 있는 데를, 에…, 이번에는 오른쪽으로 돌아서, 조금 가면 꽃집이 있습니다. 그 꽃집 옆에 있어요.
A : 서점이 있는 데를 오른쪽으로 말이죠. 먼가요?

B：いいえ、そうですね、歩いて…7、8分でしょう。

A：そうですか、どうも。

3．A：すみません、あの、市立図書館へはどう行けば…。

B：市立図書館ですか。すぐそこの交差点を、右に曲がってください。

A：あ、あの喫茶店のところですか。

B：ええ、あそこを右に行くんです。

A：右ですね。

B：ええ。それからしばらく行くと、酒屋があります。

A：酒屋…お酒の店ですか。

B：ええ、そうです。そこを左に曲がってください。

A：左ですね。

B：ええ。それからまっすぐ行くと、左側に大きい丸いビルがあるんですけど、その隣ですよ。

A：丸いビルの隣ですね。

B：ええ。

A：わかりました。どうもご親切に。

4．A：すみません、この辺に自転車屋さんはありますか。

B：自転車屋ねえ…ううん、あったかなあ…ああ、あるある。でも、ちょっと難しいんだよねえ…。ここをまっすぐ行って、1つ目の信号を右に行って…。

A：右ですか。

B：ああ、右へ行って、ずっと歩くと、左側に靴屋があるんだけど、そこを左に曲がって、突き当たりをまた左。

A：靴屋のところを左、そしてまた左ですね。

B：そう。それから、すぐまた右に曲がる道があるから、そこを曲がるんですよ。そうしたら、ちょっと行って左ですよ。

A：難しいですね。

B：ああ、でもこの辺じゃ、そこだけだなあ。

A：そうですか。じゃ、行ってみます。どうも。

B：いやいや。

5．A：お客さん、どちらまで。

B：3丁目のルルっていう喫茶店へ行ってください。

A：ううん…私、きのう東京へ来たばかりでねえ…。この辺、よくわからないんですよ。すみませんが、道を言っていただけますかねえ。

B：はい。えっと…じゃあ、ここをまっすぐ行ってください。(しばらくして)すみません、そのガソリンスタンドのところを右に曲がってください。

A：はい。

B：あ、その突き当たりを左にお願いします。

B : 아니오, 가만있자, 걸어서…7, 8분 정도일 거예요.
A : 그렇습니까, 고맙습니다.

3. A : 실례합니다, 저 시립도서관에는 어떻게 가면….
B : 시립도서관이요? 바로 저기 (있는) 십자로를, 오른쪽으로 돌아가세요.
A : 아, 저기 다방 있는 데 말이죠?
B : 예, 저기를 오른쪽으로 가는 겁니다.
A : 오른쪽이죠?
B : 예. 그리고 조금 가다 보면, 술집이 있어요.
A : 술집? …술파는 가게 말입니까?
B : 예, 그래요. 거기를 왼쪽으로 돌아가세요.
A : 왼쪽 말이죠.
B : 예. 그리고 나서 똑바로 가면, 왼쪽에 큰 둥근 빌딩이 있는데요, 그 옆이에요.
A : 둥근 빌딩의 옆이지요.
B : 예.
A : 알겠습니다. 친절하게 가르쳐 주셔서 (고맙습니다).

4. A : 실례합니다, 이 부근에 자전거 가게가 있습니까?
B : 자전거 가게요?…으응, 있었나…아아, 있다, 있어. 하지만, 조금 어렵겠는데…. 이 길을 똑바로 가서, 첫 번째 신호등에서 오른쪽으로 가서….
A : 오른쪽입니까?
B : 아아, 오른쪽으로 가서, 곧장 걸어가면 왼쪽에 구두 가게가 있는데, 거기를 왼쪽으로 돌아서, 막다른 곳에서 또 왼쪽으로.
A : 구두 가게 있는 데를 왼쪽, 그리고 또 왼쪽이군요.
B : 그래요. 그리고 나서, 바로 또 오른쪽에 꺽어지는 길이 있으니까, 거기를 도는 거예요. 그러면, 그 다음에 조금 가서 왼쪽이요.
A : 어렵군요.
B : 그래, 하지만, 이 근방에선, 거기 뿐일거야.
A : 그래요? 그럼, 가 보도록 하겠습니다. 고맙습니다.
B : 천만에.

5. A : 손님, 어디까지 가시죠?
B : 3쪼메에 있는 루루라는 다방으로 가 주세요.
A : 으응…나는, 어제 막 도쿄에 와서요…. 이 근처를 잘 모르겠거든요. 미안하지만, 길을 좀 말해 주시겠습니까?
B : 예, 그러죠. 에…그럼, 이 길을 똑바로 가 주세요. (잠시 후) 기사 아저씨, 저 주유소 있는 데에서 오른쪽으로 돌아 주세요.
A : 예.
B : 아, 저 막다른 곳에서 왼쪽으로 부탁합니다.

A：左ね。
B：あ、その左側の店です。
A：へえ、ここですか。きれいな店ですねえ。
B：ええ。よく来るんです。
A：830円ね。
B：じゃ、1,000円で…どうも。

A : 왼쪽으로 말이지요.
B : 아, 저 왼쪽에 있는 가게예요.
A : 어…, 여기예요? 깨끗한 가게로군요.
B : 예. 자주 옵니다.
A : 830엔입니다.
B : 자, 1,000엔이에요…고맙습니다.

ANSWER

I.

9	3	1
5	6	7
8	4	2

II.

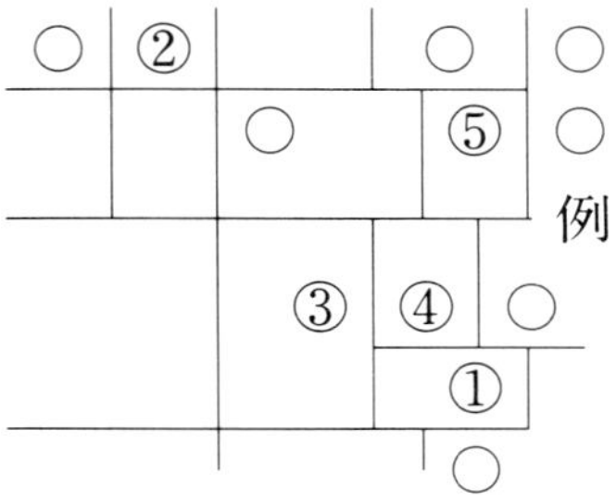

제20과

入学願書を取りよせる。

입학원서를 교부받다.

토픽·어휘 입시 정보

학습 내용 ① 원서를 교부받는 데 필요한 정보를 메모한다.
(테이프 시간 : 6분 34초)
②〈문법 · 문형〉 ～つもり, ～ようと思います

연습 요령

- I 단계 : ① 학교명, 학부 학과명을 먼저 확인한다(학교명은 가명이다).
  ② 테이프를 듣고, 입시를 희망하는 학교, 학부 또는 학과에 ○를 기입한다.
- II-1단계 : ① 마크의 식별 방법과 새로 나온 어구에 대해 먼저 확인한다.
  ② 테이프를 듣고, 해당하는 내용에 필요한 정보, 또는 ○를 기입한다(학교명은 가명이다).

AURAL TEST

I．テープを聞いて、学生が受験したい学校と学部または学科に○をしなさい。

例	学校	山田大学	平成大学	農業短期大学
	学部／学科	政経学部	商学部	文学部
1	学校	太陽大学	大石大学	すみれ大学
	学部／学科	文学部	法学部	経済学部
2	学校	農業短期大学	海山美術大学	日本電電専門学校
	学部／学科	秘書専攻	情報システム開発科	経営学科
3	学校	文化服装学院	上田デザイン専門学校	青堀栄養専門学校
	学部／学科	デザイン科	服装科	栄養士科
4	学校	日本電電専門学校	文化服装学院	文化女子大学
	学部／学科	ディスプレイデザイン科	生活造形科	情報処理科

II. 留学生が行きたい学校に電話をしています。テープを聞いて、例のように書きなさい。

	学校名	配布期間	電話した後	そのほか（メモ）
例	丸山電子専門学校	10月のはじめ	(☎) 〠 ♀	800円
1	二本大学		☎ 〠 ♀	
2	赤山短期大学		☎ 〠 ♀	
3	文化大学		☎ 〠 ♀	
4	野中デザイン学校		☎ 〠 ♀	

注）☎＝また電話する
〠＝はがきを出す
♀＝学校へ取りにいく

SCRIPT

Ⅰ．テープを聞いて、学生が受験したい学校と学部または学科に○をしなさい。

例）私は平成大学の商学部を受験するつもりです。
　　ぜひ、平成大に行きたいです。

1．私は将来会社を経営したいです。
　　太陽大学の経済学部を受けようと思っています。

2．日本にコンピューターの勉強をしに来ました。日本電電専門学校の情報システム開発科の試験は面接と作文があります。頑張ろうと思います。

3．私は料理をするのが好きです。青堀の栄養士科を受けたいので、先輩にいろいろ聞いてみるつもりです。

4．文化服装学院はファッションで有名ですが、ディスプレイやインテリアの勉強もできます。私はそこのディスプレイデザイン科を受けるつもりで、願書も買いました。

II．留学生が行きたい学校に電話をしています。テープを聞いて、例のように書きなさい。

例）Ａ：はい、丸山電子専門学校、教務課です。
　　Ｂ：あのう、留学生の募集要項がほしいんですが…。
　　Ａ：それでは、係の者とかわりますので、少々お待ちください。
　　Ｃ：はい、留学生係です。
　　Ｂ：あのう、留学生の募集要項がほしいんですが…。
　　Ｃ：申し訳ありません。今年度のものは、10月の初めに配布する予定ですが…。
　　Ｂ：まだ、なんですね。
　　Ｃ：ええ。10月上旬になります。１部800円です。
　　Ｂ：わかりました。じゃあ、10月にまたお電話します。
　　Ｃ：よろしくお願いします。

1．Ａ：はい、二本大学です。
　　Ｂ：あのう、留学生なんですが、そちらの大学の募集要項がほしいんですが…。
　　Ａ：外国人の方ですね。
　　Ｂ：はい。
　　Ａ：それでは係の者とかわりますので少々お待ちください。
　　Ｃ：はい、国際課入試係です。
　　Ｂ：あのう、募集要項がほしいんですが…。
　　Ｃ：学部のものは７月10日から配布しますが…。
　　Ｂ：７月10日からですね。
　　Ｃ：はい、７月31日までですので、それまでにこちらへ来てください。
　　Ｂ：７月10日から31日までですね。時間は何時…。
　　Ｃ：平日の９時半から12時まで受け付けています。
　　Ｂ：平日…。

I. 테이프를 듣고, 학생이 시험 치고 싶어하는 학교와 학부 또는 학과에 ○를 표기하시오.

보기 나는 헤이세이대학교의 상학부를 시험 칠 예정입니다.
꼭 헤이세이 대학교에 가고 싶습니다.

1. 나는 장래 회사를 경영하고 싶습니다.
다이요대학교의 경제학부를 시험 치려고 생각하고 있습니다.
2. 일본에 컴퓨터를 공부하러 왔습니다. 니혼덴덴 전문 학교 정보시스템 개발과의 시험은 면접과 작문이 있습니다. 최선을 다할 생각입니다.
3. 나는 요리 만들기를 좋아합니다. 아오보리의 영양사과를 시험 치고 싶기 때문에, 선배에게 여러 가지를 물어 볼 생각입니다.
4. 붕까 복장학원은 패션으로 유명합니다만, 디스플레이나 인테리어 공부도 할 수 있습니다. 나는 그 디스플레이 디자인과를 시험 칠 생각으로, 원서도 샀습니다.

II. 유학생이 가고 싶은 학교에 전화를 하고 있습니다. 테이프를 듣고, 보기와 같이 쓰시오.

보기 A : 예, 마루야마 전자 전문학교, 교무과입니다.
B : 저기…, 유학생 모집 요강이 필요한데요….
A : 그럼, 담당자를 바꿔 드릴 테니, 잠시 기다려 주세요.
C : 예, 유학생 담당자입니다.
B : 저…, 유학생 모집 요강이 필요한데요….
C : 죄송합니다. 올해 분은, 10월 초에 교부할 예정인데요….
B : 아직이란 말이죠?
C : 예. 10월 상순이 되겠습니다. 1부에 800엔입니다.
B : 알겠습니다. 그럼, 10월에 다시 전화하겠습니다.
C : (그렇게 해 주세요) 잘 부탁합니다.

1. A : 예, 니혼대학교입니다.
B : 저…, 유학생인데요, 그 대학교의 모집 요강이 필요한데요….
A : 외국인이시지요.
B : 예.
A : 그럼 담당자를 바꿔 드릴 테니, 잠시 기다려 주십시오.
C : 예, 국제과 입시 담당입니다.
B : 저…, 모집 요강이 필요한데요….
C : 학부의 것은 7월 10일부터 교부합니다만….
B : 7월 10일부터란 말이지요.
C : 예, 7월 31일까지니까, 그 사이에 여기로 와 주십시오.
B : 7월 10일부터 31일까지군요. 시간은 몇 시….
C : 평일 9시 반부터 12시까지 접수하고 있습니다.
B : 평일…?

Ｃ：はい、月曜日から金曜日です。
Ｂ：月曜日から金曜日、９時半から12時まででですね。
Ｃ：ええ、１階の国際課に来てください。
Ｂ：え、どこですか。
Ｃ：１階の国際課です。
Ｂ：１階ですね。ありがとうございました。

２．Ａ：はい、赤山短期大学です。
Ｂ：あのう、私、留学生なんですが、そちらの大学の募集要項がほしいんですが…。
Ａ：はい。では、少々お待ちください。係の者とかわりますので。
Ｃ：はい、国際交流センターです。
Ｂ：あのう、児童教育科の募集要項がほしいんですが…。
Ｃ：すみませんが、まだ配布しておりません。配布は９月中旬です。
Ｂ：そうですか。
Ｃ：ハガキで受け付けておりますが…。
Ｂ：はあ。
Ｃ：ハガキに募集要項希望と書いて送ってくだされば、こちらから郵送しますが…。
Ｂ：ハガキを出すと募集要項がもらえますか。
Ｃ：はい、そうです。ハガキにまず、「募集要項希望」と書いてください。
Ｂ：募集要項希望…。
Ｃ：ええ、それから、住所、氏名、電話番号そして国籍を書いてください。
Ｂ：住所、氏名、電話番号…国籍ですね。
Ｃ：はい、赤山短期大学国際交流センター宛でお願いします。こちらの住所は知っていますか。
Ｂ：はい。国際交流センターですね。
Ｃ：はい。
Ｂ：ありがとうございました。

３．Ａ：はい、文化大学です。
Ｂ：あのう、そちらの大学の募集要項がほしいんですが…。
Ａ：留学生の方ですか。
Ｂ：はい。
Ａ：それでは係の者とかわりますので少々お待ちください。
Ｃ：はい、学生課留学生係です。
Ｂ：あのう、募集要項がほしいんですが…。
Ｃ：学部ですか、大学院ですか。
Ｂ：ええと、大学のです。
Ｃ：学部ですね。申し訳ないんですが、まだ配布していないんですが…。
Ｂ：今はないんですね。
Ｃ：そうです。９月上旬に配布することになっています。

C : 예, 월요일에서 금요일까지입니다.
B : 월요일에서 금요일, 9시 반부터 12시까지군요.
C : 예. 1층의 국제과로 와 주십시오.
B : 예? 어디요?
C : 1층에 있는 국제과입니다.
B : 1층이군요. 감사합니다.

2. A : 예, 아까야마 단기대학입니다.
B : 저…, 저는 유학생인데요, 그 대학의 모집 요강이 필요한데요….
A : 예, 그러면, 잠시 기다려 주세요. 담당자를 바꿔 드릴 테니.
C : 예, 국제 교류 센터입니다.
B : 저어…, 아동 교육과의 모집 요강이 필요한데요….
C : 미안합니다만, 아직 교부하지 않고 있습니다. 교부는 9월 중순에 합니다.
B : 그렇습니까?
C : 엽서로는 접수하고 있는데요….
B : 예?
C : 엽서에 모집 요강 희망이라고 써서 보내 주시면, 이쪽에서 우송하겠습니다만….
B : 엽서를 보내면 모집 요강을 받을 수 있습니까?
C : 예, 그렇습니다. 엽서에 먼저, 「모집 요강 희망」이라고 써 주십시오.
B : 모집 요강 희망….
C : 예, 그리고, 주소, 성명, 전화 번호 그리고 국적을 적어 주십시오.
B : 주소, 성명, 전화 번호…국적 말이지요?.
C : 예, 아까야마 단기대학 국제 교류 센터 앞으로 부탁합니다. 여기 주소는 알고 있습니까?
B : 예, 국제 교류 센터지요?
C : 예.
B : 감사합니다.

3. A : 예, 붕까대학교입니다.
B : 저…, 그 대학교의 모집 요강이 필요한데요….
A : 유학생이신가요?
B : 예.
A : 그럼 담당자를 바꿔 드릴 테니 잠시 기다려 주세요.
C : 예, 학생과 유학생 담당자입니다.
B : 저…, 모집 요강이 필요한데요….
C : 학부인가요? 대학원인가요?
B : 저…, 대학 것입니다.
C : 학부 쪽이군요. 미안합니다만, 아직 교부하지 않고 있는데….
B : 지금은 교부하지 않는다는 말이지요.
C : 그렇습니다. 9월 상순에 교부하기로 되어 있습니다.

B：９月ですか。

C：はい。そうですねえ、８月の下旬頃またお電話してくださいませんか。

B：８月の下旬ですね。

C：はい。20日頃お電話してください。

B：はい、わかりました。その頃、また電話します。

４．A：はい、野中デザイン学校、教務課です。

B：あのう、留学生なんですが、募集要項がほしいんですが…。

A：今年度のものは、９月１日から配布します。こちらまで取りに来てください。

B：はい。あのう、何時頃行ったらいいでしょうか。

A：平日は10時から４時まで受け付けています。

B：あのう、土曜日も開いていますか。

A：はい、10時から12時までは受け付けています。２階の教務課に来てください。

B：２階ですね。それから、募集要項はいくらですか。

A：１部、750円です。

B：わかりました。ありがとうございました。

B：9월입니까?
C：예, 그렇습니다. 8월 하순경에 다시 전화해 주시겠습니까?
B：8월 하순입니까?.
C：예. 20일경 전화해 주세요.
B：예, 알겠습니다. 그때쯤 다시 전화하겠습니다.

4. A：예, 노나까 디자인학교, 교무과입니다.
B：저…, 유학생인데요, 모집 요강이 필요한데요….
A：올해 것은, 9월 1일부터 교부합니다. 여기까지 가지러 와 주세요.
B：예, 저…, 몇 시쯤 가면 될까요?
A：평일에는 10시부터 4시까지 접수하고 있습니다.
B：저…, 토요일에도 근무합니까?
A：예, 10시부터 12시까지는 접수합니다. 2층 교무과로 와 주십시오.
B：2층이군요. 그리고, 모집 요강은 얼마입니까?
A：1부에 750엔입니다.
B：알겠습니다. 감사합니다.

ANSWER

Ⅰ．　１．太陽大学、経済学部

　　　２．日本電電専門学校、情報システム開発科

　　　３．青堀栄養専門学校、栄養士科

　　　４．文化服装学院、ディスプレイデザイン科

Ⅱ．

１．	７／10～７／31	🚶	平日９：30～12：00、１階国際課
２．	９月中旬	✉	「募集要項希望」と書く、住所･氏名･電話番号･国籍、国際交流センターあて
３．	９月上旬	☎	８月20日ごろ
４．	９／１～	🚶	平日10：00～4：00、土曜10：00～12：00、２階 750円

제21과

冠婚葬祭のマナー

관혼상제의 매너

토픽·어휘 일본의 관습

학습 내용 ① 결혼식과 장례식의 매너를 듣고 메모한다.
(테이프 시간 : 6분)
② 〈문법 · 문형〉 ~たほうがいいです

연습 요령

- I 단계 : 테이프를 듣고, 무엇에 관해 설명하고 있는가를 생각한 다음, 해당하는 그림에 번호를 기입한다.
- II 단계 : ① 그림을 보고 어디가 이상한가 관찰한다.
  ② 1~3 문의 테이프를 듣고, 결혼식의 매너를 메모한다(한국어로도 가능).
  ③ 4~6 문의 테이프를 듣고, 장례식의 매너를 메모한다(한국어로도 가능).

AURAL TEST

I．テープを聞いて、何について説明しているか考えて、例のように番号を書きなさい。

II. 絵を見て考えてください。それからテープを聞いて、結婚式と葬式のマナーについてメモしなさい。

結婚式

メモ

1

2

3

葬式

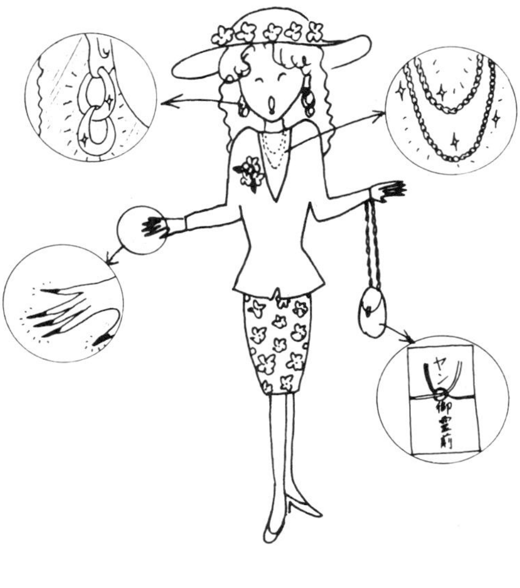

メモ

4

5

6

SCRIPT

Ⅰ．テープを聞いて、何について説明しているか考えて、例のように番号を書きなさい。

例）アクセサリー　白い　丸い
1．服　マナーは関係ない　いつも着る
2．お金　袋に入れる　葬式
3．人がたくさんいる　食べたり飲んだりする　結婚式
4．お祝い　お金　袋
5．初めに行く　挨拶をする　名前を書く

Ⅱ．絵を見て考えてください。それからテープを聞いて、結婚式と葬式のマナーについてメモをしなさい。

1．A：夢男さん、今日は友達の結婚式だそうですね。
B：そうなんですよ。
A：どこですか、場所は。
B：たしかＡＢホテルって言ってましたよ。
A：え、あのすてきなホテル。
B：そんなにいいホテルなんですか。
A：そうですよ、夢男さん。それで何を着て行くんですか。
B：ええ、「平服」って書いてあったから、いつものセーターとジーパンで行こうと思っているんです。
A：え、セーターとジーパン…。
B：はい。だめですか。
A：そうですね。やっぱり背広ぐらい着たほうがいいと思いますよ。あ、運動靴もはいていますね。
B：はあ…。
A：それもいけませんよ。

2．A：あのう、結婚式のお祝いのお金は、日本ではどのぐらい持っていくのが普通なんですか。
B：そうですね。まあ、披露宴のタイプによって違いますけど、お友達なら１万から３万ぐらいじゃありませんか。
A：ふうん。
B：でも、だんだん高くなっていくようですよ。
A：そうですか。でも、私の国も同じですよ。

3．A：すみません、佐藤さん。
B：何ですか、パクさん。
A：私、これから友達の結婚式に招待されていて、出かけるんですけど、日本の結婚式のことがよくわからなくて困っているんです。

Ⅰ. 테이프를 듣고, 무엇에 관해 설명하고 있는가를 생각하고, 보기와 같이 번호를 쓰시오.

보기 액세서리, 하얗다, 동그랗다

1. 옷, 매너는 관계없다, 평소에 입는다
2. 돈, 봉투에 넣는다, 장례식
3. 사람이 많이 있다, 먹거나 마시거나 한다, 결혼식
4. 축하, 돈, 봉투
5. 맨 처음에 가다, 인사를 하다, 이름을 쓰다

Ⅱ. 그림을 보고 생각해 보시오. 그리고 테이프를 듣고, 결혼식과 장례식의 매너에 관해서 메모를 하시오.

1. A : 유메오 씨, 오늘 친구 결혼식이라면서요.
   B : 그렇습니다.
   A : 어디지요, 장소는?
   B : 아마 AB호텔이라고 한 것 같아요.
   A : 어머, 그 멋있는 호텔?
   B : 그렇게 좋은 호텔입니까?
   A : 그럼요, 유메오 씨. 그래서 뭘 입고 갈 건가요?
   B : 글쎄, 「평상복」이라고 쓰여 있었으니까, 늘 입던 스웨터하고 청바지를 입고 갈까 생각 중입니다.
   A : 예? 스웨터하고 청바지…?
   B : 예. 안 됩니까?
   A : 글쎄요. 역시 양복 정도는 입고 가는 편이 좋을 텐데요. 어머, 운동화도 신고 있군요?
   B : 예….
   A : 그것도 안 되겠어요.

2. A : 저…. 결혼식 축하금은 일본에서는 보통 얼마 정도 가지고 갑니까?
   B : 글쎄요…. 뭐, 피로연의 종류에 따라 다르지만, 친구분이라면 만 엔에서 3만 엔 정도가 아닐까요?
   A : 흠….
   B : 하지만, 점점 액수가 많아지고 있는 것 같아요.
   A : 그렇습니까? 그러나 우리 나라도 마찬가지예요.

3. A : 잠깐만요, 사또 씨.
   B : 왜요, 박씨.
   A : 저요, 지금 친구 결혼식에 초대받아서 가는데요. 일본의 결혼식에 대해 잘 몰라서 난처해요.

Ｂ：大丈夫ですよ。会場に着くとすぐ受付がありますから、そこへ行って、まず「おめでとうございます。」って言うんです。

Ａ：はあ…。そこで、このお祝いのお金を渡すんですか。

Ｂ：ええ、出席者が名前を書くノートが置いてありますから、そこに名前を書いて…あ、パクさん、のし袋は用意しましたか。

Ａ：え、のし…その…のしなんとかって何ですか。

Ｂ：の・し・ぶ・く・ろっていって、お祝いのお金はその中に入れて、名前も書いておくんですよ。

Ａ：ああ、そんなのがあるんですか。

Ｂ：ええ、それからね、お金を入れる時は、なるべくきれいなお札にしたほうがいいそうですよ。

Ａ：そうなんですか。わかりました。いろいろ教えてくださってありがとうございました。

Ｂ：いいえ、あとで写真見せてくださいね。

4．Ａ：道子さん、日本の葬式ってどんな服を着て行くんですか。

Ｂ：そうですね。普通は喪服を着ますけどね。

Ａ：え、も…何ですか。

Ｂ：喪服っていってね、黒い服ですよ。

Ａ：ああ、黒い服ですか。

Ｂ：ええ。

Ａ：でも、私は持っていないんですけど…買ったほうがいいでしょうか。

Ｂ：いいえ、買わなくてもいいと思いますよ。まあ、普通の黒いスカートと黒い上着でいいんですよ。

5．Ａ：葬式の時はアクセサリーをつけないって本当ですか。

Ｂ：そうですね。あまり派手なものはつけないほうがいいですね。でもパールならいいって聞いたことがありますよ。

Ａ：パールっていうと、真珠のネックレスとかイヤリングのことですか。

Ｂ：そうです。金や花なんかはつけてはいけないんだそうですよ。

Ａ：ふうん。

6．Ａ：日本では、お葬式の時に、お金を袋に入れて持っていくんですよね。

Ｂ：そうですよ。そのお金は、「香典」っていうんですよ。

Ａ：香典…この袋でいいんですか。

Ｂ：ええ、それでいいんですよ。「御霊前」という字と、名前を書くんです。

Ａ：じゃ、今書きましょう。

Ｂ：あ、ちょっと待ってください。

Ａ：何ですか。

Ｂ：反対…。

B : 걱정없어요. 식장에 도착하면 바로 접수처가 있으니까, 거기에 가서 우선 「축하합니다.」라고 말하는 거예요.

A : 에…. 거기에서 축하금을 내는 건가요?

B : 예. 참석자들이 이름을 적는 방명록이 준비되어 있으니까, 거기에다 이름을 쓰고…아, 박씨, 노시부꾸로(축하금 봉투)는 준비했나요?

A : 예? 노시…그…노시 뭐라고 하는 게 뭐지요?

B : 노・시・부・꾸・로라고 해서, 축하금을 그 봉투 안에다 넣고, 이름도 써 두는 거예요.

A : 아아, 그런 게 있습니까?

B : 예. 그리고 말이에요, 돈을 넣을 때는 될 수 있으면 깨끗한 돈을 사용하는 게 좋다고 해요.

A : 그런가요? 알겠습니다.
여러 가지 가르쳐 주셔서 고맙습니다.

B : 뭘요. 나중에 사진 보여 주세요.

4. A : 미찌꼬 씨, 일본의 장례식에는 어떤 옷을 입고 가나요.
B : 글쎄요. 보통은 모후꾸(상복)를 입는데요.
A : 예? 모…뭐라고요?
B : 모후꾸라고 해서요, 검은 옷이에요.
A : 아아, 검은 옷입니까?
B : 예.
A : 그런데, 전 갖고 있는 게 없는데…사는 게 좋을까요?
B : 아뇨, 사지 않아도 괜찮을 거예요. 그저 평소에 입는 검은 스커트와 검은 색 옷이면 돼요.

5. A : 장례식에 갈 때는 액세서리는 달지 않는다는데, 정말입니까?
B : 그렇겠지요. 너무 화려한 건 달지 않는 게 좋아요. 그러나 진주라면 괜찮다고 들은 적이 있어요.
A : 진주라고 하면, 진주 목걸이나 귀걸이 말인가요?
B : 그래요. 금붙이나 꽃 같은 건 달아서는 안 된다고 해요.
A : 흠, 그래요….

6. A : 일본에서는 장례식 때, 돈을 봉투에 넣어 가지고 가죠?
B : 그래요. 그 돈을 「고덴(香典)」이라고 해요.
A : 고덴…이 봉투로 되겠습니까?
B : 예, 그거면 돼요. 「영전에(고레젠 : 御霊前)」라는 글자와 이름을 쓰는 거예요.
A : 그럼, 지금 쓰겠습니다.
B : 아, 잠깐 기다려 주세요.
A : 뭔데요?
B : 반대(가 되었어요)….

A：え、反対…。

B：その名前と御霊前っていう文字が反対ですよ。

A：え。どこですか。

B：そこですよ。ほら、ヤンっていう名前は下に書くんですよ。

A：えっ。このなんとかっていう難しい字が上なんですか。

B：そうですよ。ああ、びっくりした。

A：わあ、ありがとうございました。聞いてよかった。

A : 예, 반대… ?
B : 그 이름과 영전에라는 글자가 반대예요.
A : 예? 어딥니까?
B : 거기 말이에요. 봐요, 얀이라는 이름은 아래쪽에 쓰는 거예요.
A : 예? 이, 뭐라나, 어려운 글자가 위쪽인가요?
B : 예, 그래요. 아, 깜짝 놀랐네.
A : 와, 고맙습니다. 묻길 잘했네요.

ANSWER

Ⅰ.

	3	
4	例	2
1	5	

Ⅱ. 結婚式　1. 平服：セーター、ジーパン、運動靴ではだめ。
背広がいい。
2. お祝いは1万～3万円（友達の場合）
3. 受付で「おめでとうございます。」という。
お祝いのお金をのし袋にいれて、名前を書く。きれいなお札がいい。
受付で（ノートに）名前を書く。

葬式　1. 喪服（黒い服）、黒いスカートと上着でいい。
2. アクセサリーをつけない。金や花はだめ。パールはいい。
3. 香典（御霊前は上に書き、名前は下に書く）

제22과

あなたに向いている仕事は何ですか。

당신에게 알맞는 직업은 무엇입니까?

토픽·어휘 적성에 맞는 직업

학습 내용 ①「독해」란을 읽고, 성격을 나타내는 말과 자신에게 적합한 직업을 체크한다.
② 성격이나 직업의 적성을 듣고 메모한다.
(테이프 시간 : 4분 26초)
③〈문법·문형〉가능형

연습 요령

- 독　　해 : ① 성격을 나타내는 말을 고르고, 「좋은 이미지」와 「나쁜 이미지」로 분류한다.
  ② 자신에게 알맞는 성격을 A, B, C, D항 중에서 고르고, 자신이 어떤 성격의 소유자이며, 어떤 직업에 적합한가를 생각하여 본다.
- I　단계 : 그림을 보고, 여러 가지 직업명을 듣는다.
- II-1단계 : 테이프를 듣고, A, B, C, D의 성격을 메모한다.
- II-2단계 : 테이프를 듣고, 자신이 쓴 직업과 같은지 확인한다.

AURAL TEST

読解－1．次のことばから、性格を表すことばを選んで［　］の中に書きなさい。

やさしい	おいしい	暗い	努力家	大丈夫	冷たい
気が強い	涼しい	我慢強い	無口な	快適な	明るい
うれしい	内向的な	気が弱い	悲しい	積極的な	安い
わがままな	まじめな	活発な	広い	簡単な	新鮮な

★あなたが選んだことばを、いいイメージのことばと、悪いイメージのことばに分けなさい。

いい	悪い

★あなたはこの他に性格を表すことばを知っていますか。

読解―2．次の文を読んで、自分にあてはまるものにチェックしなさい。

A

□ 計算が速くできる
□ 長い時間本が読める
□ 車の運転ができる
□ ワープロが打てる
□ うるさいところで仕事ができる
□ テストでいつも90点以上取れる
□ 朝早く起きられる
□ 電車の中で立って新聞が読める
□ 難しいことも最後まで頑張れる
□ コンピューターが使える

B

□ 絵が上手にかける
□ 写真が上手に撮れる
□ 服が作れる
□ 料理ができる
□ ピアノやエレクトーンなどが弾ける
□ 外で寝られる
□ 字が上手に書ける
□ 服に合うアクセサリーが選べる
□ 作文が上手に書ける
□ 自分で髪が切れる

C

□ きれいに歩ける
□ 歌が上手に歌える
□ 長い時間立っていられる
□ 大勢の人の前で上手に話せる
□ 車や飛行機の中でよく寝られる
□ 何でも食べられる
□ 休まないで長い文が読める
□ 大きい声が出せる
□ 外国語が話せる
□ 1か月で3kg以上やせられる

D

□ 説明が上手にできる
□ きらいなことも我慢できる
□ 電車の中で席が譲れる
□ 自分より人の気持ちが先に考えられる
□ 忙しい時も困っている人を手伝える
□ あまりお金がない時も生活できる
□ 誰とでもすぐ友達になれる
□ 悲しい時でも笑える
□ 汚いものを見た後でご飯が食べられる
□ 無口な人と1時間以上話せる

[あなたのタイプは]

★あなたのチェックがいちばん多いのはA、B、C、Dのどれですか。

★あなたはどんな人ですか。あなたに向いている仕事はどんな仕事ですか。
考えてみましょう。

I．絵を見てください。あなたは仕事の名前を全部知っていますか。聞いてください。

II－1．テープを聞いて、A、B、C、Dの性格をメモしなさい。

A……	B……
C……	D……

★A、B、C、Dの人には、どんな仕事が向いていると思いますか。Iの絵を見て番号を書きなさい。

A……	B……
C……	D……

II－2．テープを聞いて、あなたが書いた仕事と同じなら○を、違っていればその仕事の名前をメモしなさい。

A……	B……
C……	D……

★あなたに向いている仕事は何でしたか。あなたの考えと同じでしたか。クラスの友達はどうでしたか。話し合ってみましょう。

SCRIPT

Ⅰ. 絵を見てください。あなたは仕事の名前を全部知っていますか。聞いてください。

1. 警察官です。
2. 銀行員です。
3. スチュワーデスです。
4. 作家です。
5. 研究者です。
6. モデルです。
7. 歌手です。
8. 画家です。
9. 新聞記者です。
10. 女優です。俳優です。
11. カメラマンです。
12. 秘書です。

Ⅱ－1. テープを聞いて、A、B、C、Dの性格をメモしなさい。

A……あなたは、とてもまじめです。難しい仕事も、最後まで頑張れる人です。頭がいいし、1度思ったことはあまり変えません。

B……あなたはきれいなものが大好きです。自由が好きで、人の言うことを聞くより、自分が思ったことをするのが好きです。

C……あなたはとても明るくて、積極的です。人の前で話したり、何かをしたりするのが上手で、いつも大勢の人の中にいるのが好きです。

D……あなたは優しくて親切な人です。いつも人のために何かできることをさがして生活しています。自分の気持ちより人の気持ちのほうを大切に思える人です。

Ⅱ－2. テープを聞いて、あなたが書いた仕事と同じなら○を、違っていればその仕事の名前をメモしなさい。

A……あなたに向いている仕事は、学者や銀行員など、まじめな仕事です。会社を経営するのもいいでしょう。頭がいいので、コンピューター関係の仕事も向いています。

B……あなたに向いている仕事は、画家や音楽家など、芸術関係の仕事です。作家やカメラマンになるのもいいでしょう。また、デザイナーなど、ファッション関係の仕事も向いています。

C……あなたに向いているのは、モデルやスチュワーデスなど、たくさんの人の中でする仕事です。女優や俳優なども向いています。スピーチが上手にできる人は、アナウンサーになるのもいいでしょう。

D……人の気持ちが理解できるあなたには、医者や看護婦になって病院で働くのが向いています。先生になって教えるのもいいでしょう。新聞記者や警察官も向いています。人を手伝うのが好きな人は、秘書になるのもいいでしょう。

Ⅰ. 그림을 보십시오. 당신은 직업의 이름을 모두 알고 있습니까? 들어 보십시오.

1. 경찰관입니다.
2. 은행원입니다.
3. 스튜어디스입니다.
4. 작가입니다.
5. 연구원입니다.
6. 모델입니다.
7. 가수입니다.
8. 화가입니다.
9. 신문 기자입니다.
10. 여배우입니다. 배우입니다.
11. 카메라맨입니다.
12. 비서입니다.

Ⅱ-1. 테이프를 듣고, A, B, C, D의 성격을 메모하시오.

A … 당신은 매우 성실합니다. 어려운 일도 끝까지 노력하는 사람입니다. 머리가 좋고, 한 번 생각한 일은 그리 바꾸지 않습니다.

B … 당신은 아름다운 것을 아주 좋아합니다. 자유를 좋아하고, 다른 사람의 말을 듣는 것보다, 자신이 생각한 것을 실행하는 것을 좋아합니다.

C … 당신은 매우 밝고 적극적입니다. 다른 사람 앞에서 이야기하거나, 무언가 하는 것에 능숙하며, 언제나 많은 사람 가운데 있는 것을 좋아합니다.

D … 당신은 다정하고 친절한 사람입니다. 언제나 남을 위해 뭔가 도움이 되는 것을 찾아서 생활하고 있습니다. 자신의 마음보다 남의 마음을 더 소중히 여기는 사람입니다.

Ⅱ-2. 테이프를 듣고, 당신이 쓴 직업과 같으면 ○를, 다르면 그 직업명을 메모하시오.

A … 당신에게 맞는 일은 학자나 은행원 등 성실한 직업입니다. 회사를 경영하는 것도 좋겠지요. 머리가 좋으므로, 컴퓨터 관계의 직업도 맞습니다.

B … 당신에게 맞는 일은 화가나 음악가 등 예술 관계의 직업입니다. 작가나 카메라맨이 되는 것도 좋겠지요. 또 디자이너 등 패션 관계의 일도 맞습니다.

C … 당신에게 맞는 일은 모델이나 스튜어디스 등 많은 사람 가운데에서 일하는 직업입니다. 여배우나 배우 등에도 맞습니다. 스피치를 잘 할 수 있는 사람은 아나운서가 되는 것도 좋겠지요.

D … 남의 마음을 이해할 수 있는 당신에게는, 의사나 간호사가 되어 병원에서 일하는 것이 맞습니다. 선생님이 되어 가르치는 것도 좋겠지요. 신문 기자나 경찰관에도 맞습니다. 다른 사람을 돕는 것을 좋아하는 사람은 비서가 되는 것도 좋겠지요.

ANSWER

読1．

いいイメージ：やさしい、努力家、我慢強い、明るい、積極的な、まじめな、活発な
悪いイメージ：暗い、冷たい、気が強い、(無口な)、内向的な、気が弱い、わがままな

II 1．A：まじめ、がんばる、頭がいい

B：きれいなもの・自由が好き、自分が思ったことをするのが好き

C：明るい、積極的、人の前で話すのが好き

D：やさしい、親切、人の気持ちを大切にする

II 2．A：学者、銀行員、会社経営、コンピューター関係

B：画家、音楽家、作家、カメラマン、デザイナー、ファッション関係

C：モデル、スチュワーデス、女優、俳優、アナウンサー

D：医者、看護婦、先生、新聞記者、警察官、秘書

제23과

何をほしがっていますか。

무엇을 갖고 싶어 합니까?

토픽·어휘 예상・추측

학습 내용 ① 대화를 듣고, 화제가 되고 있는 물건이나 사람을 알아 맞힌다. (테이프 시간 : 3분 35초)

② 〈문법・문형〉 ～そうです(様態), ～がっています

연습 요령

- I 단계 : 테이프를 듣고, 해당하는 그림에 번호를 기입한다.
- II 단계 : 테이프를 듣고, 해당하는 그림을 선택하되, 선택한 이유도 생각하여 본다.

AURAL TEST

I. テープを聞いて番号を書きなさい。

II. テープを聞いて、どれについて話しているか考えて、絵を選びなさい。
また、選んだ理由も考えなさい。

例

1

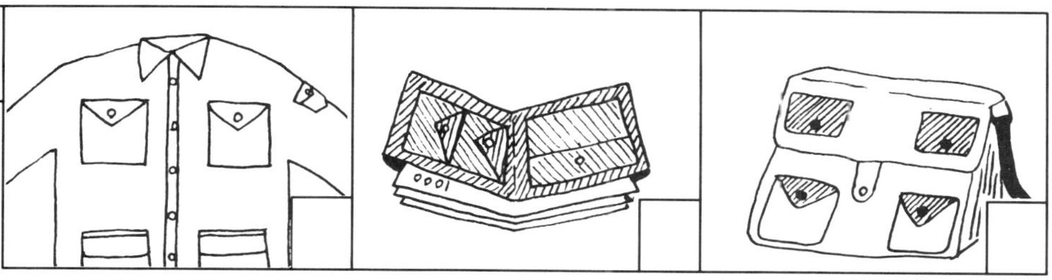

2

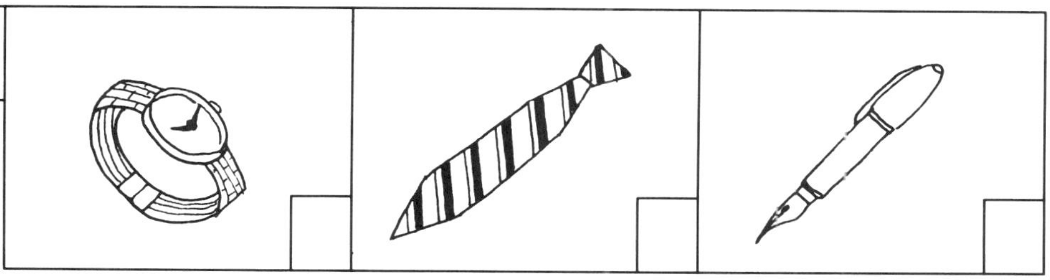

3

4

SCRIPT

Ⅰ．テープを聞いて番号を書きなさい。

例）高そうです。

1．優しそうです。
2．眠そうです。
3．うれしそうです。
4．まじめそうです。
5．こわそうです。
6．重そうです。
7．便利そうです。
8．冷たそうです。

Ⅱ．テープを聞いて、どれについて話しているか考えて、絵を選びなさい。
また、選んだ理由も考えなさい。

例）Ａ：これ、おいしそうですね。食べたいなあ。
Ｂ：ううん、ちょっと甘そうですよ。
Ａ：でも、ぼくはくだものが好きなんですよ。
Ｂ：くだものっていっても、少しだけじゃないですか。それに、このくだもの、きれいな赤じゃありませんよ。ちょっと古そうです。

1．Ａ：あ、これこれ、これです。私がほしかったのは。
Ｂ：へえ、軽そうですね。
Ａ：ええ、ポケットがたくさんあって…何でも入りそうでしょう。
Ｂ：ポケットが多いのはいいですね。便利そうで。
Ａ：大きさもちょうどいいし、持ちやすそう。
Ｂ：でも、ジーパンには似合いそうですが、スカートにはちょっと…。
Ａ：そうねえ…。

2．Ａ：工藤さん、それどこで買ったんですか。とってもすてき。
Ｂ：えっ、これですか。
Ａ：ええ、ちょっと高そうですけど…工藤さんって趣味がいいんですね。
Ｂ：いや、それほどでもありませんよ。
Ａ：私もそんなのがほしいと思っているんです。
Ｂ：え？山本さんが…。
Ａ：いやだわ、工藤さん、私がするんじゃありません。
Ｂ：ああ。そうですよねえ。
Ａ：もちろんです。彼にプレゼントするんです。
Ｂ：え…彼に…。
Ａ：ええ。それ、彼に似合いそう。

3．Ａ：どれにしましょうか。
Ｂ：そうですね。社長へのプレゼントですから、あまり安そうなものはだめですね。
Ａ：あ、あれなんかどうですか。

Ⅰ. 테이프를 듣고, 번호를 쓰시오.

보기 비쌀 것 같습니다.

1. 상냥할 것 같습니다.
2. 졸린 것 같습니다.
3. 기쁜 것 같습니다.
4. 성실할 것 같습니다.
5. 무서울 것 같습니다.
6. 무거울 것 같습니다.
7. 편리할 것 같습니다.
8. 쌀쌀맞을 것 같습니다.

Ⅱ. 테이프를 듣고, 무엇에 관해 이야기하고 있는지 생각해서 맞는 그림을 고르시오. 또 고른 이유도 생각하여 보시오.

보기 A : 이것, 맛있어 보이는데요. 먹고 싶은데.
B : 아니, 좀 달 것 같은데요.
A : 하지만 나는 과일을 좋아하거든요.
B : 과일이라고 해 봤자 조금 뿐이잖아요. 더군다나 이 과일, 신선한 빨간색이 아니예요, 조금 오래된 것 같아요.

1. A : 아, 이거 이거, 이거예요. 내가 갖고 싶었던 게.
B : 에…? 가벼워 보이는군요.
A : 예, 주머니가 많이 달려 있어서, 뭐든지 다 들어갈 것 같죠?
B : 주머니가 많은 건 좋군요. 편리할 것 같아서.
A : 크기도 마침 적당하고, 들기도 편할 것 같아요.
B : 하지만, 청바지에는 어울릴 것 같아도, 스커트에는 좀….
A : 그러네요…

2. A : 구도 씨, 그거 어디서 샀지요? 아주 멋있어요.
B : 예? 이거 말인가요?
A : 예. 조금 비싸 보이는데…구도 씨는 정말 취향이 고상한데요.
B : 아니 뭐, 그렇지도 않습니다.
A : 나도 그런 게 있었으면 하고 생각하고 있는데요.
B : 예? 야마모또 씨가…?
A : 어머, 구도 씨, 내가 매는 게 아니예요.
B : 아아, 그럼 그렇지.
A : 물론이죠. 그이에게 선물하려구요.
B : 에…? 그이에게…?
A : 예. 그거, 그이한테 잘 어울릴 것 같아요.

3. A : 어느 걸로 할까요?
B : 글쎄요… 사장님께 드릴 선물이니까, 너무 싸 보이는 건 안 되겠죠.
A : 아, 저런 건 어때요?

Ｂ：そうですねえ。ちょっと重そうですが…。
Ａ：でも、高そうでしょう。
Ｂ：そうですね、社長のお宅の居間にはちょうどいいですね。
Ａ：お花を入れてもいいですよね。
Ｂ：ええ、あれにしましょう。

4．Ａ：この人、すてき。
Ｂ：そうかしら、お母さんはこのあいだの人のほうがいいと思うわ。まじめそうだったじゃない。
Ａ：ううん、でも、ちょっとおもしろくなさそうだったし…。
Ｂ：おもしろくなさそうねえ…じゃ、その前の、あの眠そうな顔の人、あの人は？おもしろそうだったわよ。
Ａ：そうね…でも…。
Ｂ：優しそうだったし、いいじゃない。
Ａ：うん…でも、私、やっぱりこの人にする。ハンサムだもの。
Ｂ：ちょっと、冷たそうだと思うけど…。
Ａ：冷たいかどうか、写真じゃわからないわよ。
Ｂ：そうねえ、じゃあ、この人とお見合いしてみる？
Ａ：うん、じゃあ、来週の日曜日に…

B：글쎄요. 조금 무거워 보이는데….
A：그래도 비싸 보이지요?
B：그렇군요. 사장님 댁의 거실에 딱 좋겠어요.
A：꽃을 꽂아도 좋겠죠?
B：예, 저걸로 합시다.

4. A：이 사람, 멋있네.
B：그러니? 엄마는 요전 번 사람 쪽이 괜찮다고 생각하는데. 성실해 보였잖아.
A：응. 하지만 좀 재미없을 것 같아서….
B：재미없어 보인다고…? 그럼, 그 전의 졸릴 것 같은 얼굴을 한 사람, 그 사람은? 재미있어 보였잖아.
A：그래요. 그래도….
B：마음도 너그러울 것 같았고, 괜찮지 않니?
A：응. 그래도 난 역시 이 사람으로 할 거야. 핸섬하거든.
B：조금 차가울 것 같다고 생각되는데….
A：차가운지 어떨지, 사진으로는 알 수 없어요.
B：그렇긴 해. 그럼 이 사람하고 맞선 볼 테야?
A：응, 그럼, 다음 주 일요일에….

ANSWER

I.

3	2	4
6	例	7
1	8	5

II.　1．かばん　　2．ネクタイ　　3．花びん　　4．真ん中の男の人

제24과

いろいろな電話

여러 가지 전화

토픽·어휘 전화의 표현

학습 내용 ① 한자 읽기(변 또는 방)를 묻는 요령에 대해 학습한다.
② 여러 가지 전화 통화에서 응대하는 요령을 습득한다.
(테이프 시간 : 7분 54초)

연습 요령

- I 단계 : 테이프를 듣고, 해당하는 한자를 골라서 기입한다.
- II 단계 : 대화 내용을 듣고, 플로 차트에서 해당하는 전화 통화를 체크한다.

AURAL TEST

I．例のように漢字を下から選んで書きなさい。

例　教　子
　　きょうこ

1 ＿＿＿＿
　シ　ヤ

2 ＿＿＿＿
　こばやし

3 ＿＿＿＿
　さ　とう

4 ＿＿＿＿
　くにとう

5 ＿＿＿＿
　あい　き

6 ＿＿＿藤
　あんどう

7 ＿＿＿＿
　まえ　け

頭　林　安　顔
森　佐　相　国
藤
教　佑　毛
家
前　謝
小　木　目　東

II．例のように記号を書きなさい。

例	1	2	3	4	5	6	7
D							

- ダイヤル
  - まちがい電話
    - 番号を確認する → A
    - あやまる → B
  - 本人が出る
    - 番号をきく → C
    - 連絡をする → D
  - 家族が出る
    - 本人を呼ぶ → E
    - いつ帰るかきく → F
    - 伝言を頼む 約束を変更する → G
    - 伝言を頼む 電話を頼む → H

SCRIPT

Ⅰ. 例のように漢字を下から選んで書きなさい。

例) A：すみません。きょうこさんの「きょう」はどんな字を書くんですか。
B：教えるの「きょう」です。
A：ああ、教育の「きょう」ですね。
B：ええ、そうです。

1. A：あっ、シャさんの「シャ」という字はどの漢字ですか。
B：「シャ」は感謝の「シャ」です。中国語ではシエシエといいますが、そのシエです。

2. A：こばやしさんというお名前はどんな字を書くんですか。
B：小さいに「はやし」です。
A：小さいに…はやし……ああ、わかりました。
「はやし」はリンさんの「リン」ですね。
B：そうです。

3. A：さとうさんの「さ」はニンベンに左ですか。
B：はい。
A：それで、とうは「ふじ」ですか。
B：いいえ、「ふじ」じゃなくて「ひがし」なんです。

4. A：くにとうさんの名前は…ええと…。
B：「くに」に「あたま」です。
A：「くに」は韓国の「こく」という字ですね。
B：はい、そうです。

5. A：ぼくの友達にあいきさんっていう人がいるんだけどね。
B：えっ？あいき？ どんな字を書くの？
A：「あい」は木偏に目。ほら相手の「あい」だよ。
B：へえ、珍しい名前だね。「き」は木曜日の「もく」？
A：うん、そうだよ。

6. A：あんどうさんの「あん」はウ冠に女でいいの？
B：うん、そう。安心の「あん」よ。
A：それから「ふじ」よね。
B：そう。

7. A：ねえ。まえけさんの名前は、前・後ろの「まえ」に、髪の毛の「け」？
B：ううん、「まえ」はいいけど、「け」はちがうわ。「いえ」という字よ。

I. 보기와 같이 한자를 아래 칸에서 골라서 쓰시오.

보기 A : 잠깐만요. 교꼬 씨의 「교」는 어떤 글자를 쓰나요?
B : 가르치다(오시에루 ; 教える)의 「교(教)」예요.
A : 아아, 교육(교이꾸 ; 教育)의 「교」로군요.
B : 네, 맞아요.

1. A : 아, 샤 씨의 「샤」라는 글자는 어떤 한자예요?
B : 「샤」는 감사(간샤 ; 感謝)의 「샤」예요. 중국어로는 시에시어(謝謝)라고 하는데, 그 시에예요.

2. A : 고바야시 씨라는 이름은 어떤 글자를 쓰는 건가요?
B : 작다(지이사이 ; 小さい)에다 「숲(하야시 ; 林)」입니다.
A : 작다(고 : 小)에…숲(하야시 : 林)이라…아아, 알겠어요.
「하야시」는 린 씨의 「린(林)」이죠?
B : 맞아요.

3. A : 사또 씨의 「사」는 사람 인변(人)에 좌(히다리 ; 左)인가요?
B : 예.
A : 그리고 도는 「등나무(후지 ; 藤)」인가요?
B : 아뇨. 「등나무(후지 ; 藤)」가 아니라 「동(히가시 ; 東)」이에요.

4. A : 구니또 씨의 이름은, 가만 있자….
B : 「나라(구니 ; 国)」에 「머리(아따마 ; 頭)」예요.
A : 「구니」는 한국(간꼬꾸 ; 韓国)의 「고꾸」라는 글자지요?
B : 예, 그래요.

5. A : 내 친구 중에 아이끼 씨라는 사람이 있는데 말야.
B : 뭐? 아이끼? 어떤 글자를 쓰는데?
A : 「아이」는 목변(木)에 눈(메 ; 目). 있잖아, 상대(아이데 ; 相対)할 때의 「아이」 말야.
B : 에…. 드문 이름이구나. 「기」는 목요일(모꾸요비 ; 木曜日)의 「모꾸」니?
A : 응, 맞아.

6. A : 안도 씨의 「안」은 갓머리(ウ)에 여(온나 ; 女)가 맞니?
B : 응, 그래. 안심(안신 ; 安心)할 때의 「안」이야.
A : 그 다음에 등나무(후지 ; 藤)가 맞지?
B : 맞아.

7. A : 저…, 마에께 씨의 이름은, 앞(마에 ; 前)・뒤(우시로 : 後ろ) 할 때의 「마에」에다 머리카락(가미노께 ; 髪の毛)의 「게」?
B : 아니, 마에(前)는 맞았지만, 「게」는 틀렸어. 「집(이에 ; 家)」이라는 글자야.

II．例のように記号を書きなさい。

例）A：もしもし。
B：リンさんのお宅ですか。
A：はい、そうです。
B：リンレイシュクさんはいらっしゃいますか。
A：はい、私です。
B：あっ、リンさんですか。
A：はい。
B：こちら、山国屋書店ですが、毎度ありがとうございます。
A：はあ、どうも…。
B：あのう、ご注文の本が入りましたので、ご都合のいい時に取りにいらっしゃってください。
A：はい、わかりました。どうも。

1．A：はい、佐藤です。
B：私、村田と申しますが、武さん、お願いしたいんですが…。
A：武は出かけているんですけど…。
B：そうですか。何時ごろお帰りですか。
A：ちょっと、わからないんですけどね…。
B：そうですか。じゃあ、また後ほどお電話いたします。
A：あのう、お名前をもう１度…。
B：あっ、村田です。
A：わかりました。
B：それじゃあ、失礼いたします。
A：はい、どうも…。

2．A：はい、鈴木でございます。
B：あっ、すみません。私、キムですけど…。
A：ああ、キムさん？　お元気？
B：はい、おかげさまで元気です。
A：そう…。
B：あのう、幸子さんはいらっしゃいますか。
A：ええと、幸子はね。今日お友達と映画を見に行ってるの。
B：ああ、そうなんですか。
A：そうねえ。9時頃帰るって言ってたけど、何かお伝えしましょうか。
B：あっ、じゃあ、すみません。帰ったらこちらに電話してくださるように伝えていただけませんか。
A：ええ、いいですよ。ええと、キムさんの電話番号は？
B：はい、3222の8754です。

II. 보기와 같이 기호를 쓰시오.

보기 A : 여보세요.
B : 린 씨 댁입니까?
A : 예, 그렇습니다.
B : 린 레이슈꾸 씨 계십니까?
A : 예, 전데요.
B : 앗, 린 씨세요?
A : 예.
B : 여기 야마꾸니야 서점인데요, 매번 (이용해 주셔서) 감사합니다.
A : 아, 천만에요.
B : 저…. 주문하신 책이 들어왔으니까, 아무 때나 형편이 좋으신 때 찾으러 와 주십시오.
A : 예, 알겠습니다. 고맙습니다.

1. A : 예. 사또입니다.
B : 저, 무라따라고 하는데요, 다께시 씨 부탁드립니다.
A : 다께시는 나가고 없는데요.
B : 그렇습니까? 몇 시쯤 돌아오실까요?
A : 글쎄, 잘 모르겠는데요.
B : 그렇습니까? 그럼, 나중에 다시 전화하겠습니다.
A : 저…, 이름을 다시 한 번….
B : 아, 무라따입니다.
A : 알겠어요.
B : 그럼, 실례하겠습니다.
A : 예, 안녕히….

2. A : 예, 스즈끼입니다.
B : 아, 죄송합니다. 저, 김이라고 하는데요….
A : 아아, 김씨? 잘 있었어요?
B : 예, 덕분에 잘 있습니다.
A : 그래요….
B : 저…, 사찌꼬 씨 계세요?
A : 저기, 사찌꼬는 말이야, 오늘 친구와 함께 영화 보러 나갔는데.
B : 아아, 그렇습니까?
A : 그래요. 9시 경에는 돌아온다고 했는데, 뭔가 전할 말이 있어요?
B : 아, 그럼, 죄송합니다. 돌아오면 이쪽으로 전화를 해 주도록 전하 주실 수 있겠습니까?
A : 예, 좋아요. 에…, 김 씨의 전화 번호는?
B : 예, 3222의 8754입니다.

A：えっ、3222の87…。
B：8754です。
A：8754ね。はい、わかりました。
B：じゃあ、よろしくお願いします。失礼します。

3．A：はい、もしもし。
B：あのう、山田さんのお宅ですか。
A：いいえ、違います。
B：あっ、すいません。

4．A：もしもし。
B：あっ、もしもし。高橋さんのお宅ですか。
A：はい、そうです。
B：わたし、加藤ですけど…。
A：あっ、加藤さん。
B：こんばんは。今、忙しい？
A：いや、いいよ。何？
B：あの、伊藤さんの電話番号を知ってる？
A：うん、知ってるよ。ちょっと待って。
B：はい。
A：いい？言うよ。
B：はい。
A：ええと、伊藤さんは…3456の7891だね。
B：ええと、3456の…。
A：7891。
B：7891ね。
A：うん、そう。
B：どうもありがとう。
A：どういたしまして。じゃあ、おやすみ。

5．A：もしもし、小山さんのお宅ですか。
B：はい、そうですが…。
A：夜分恐れ入りますが……あのう、ひろみさんお願いしたいんですが…。
B：ひろみは出かけているんですけど。
A：あっ、そうですか。(独り言で) どうしようかな。
B：何か。
A：あっ、あのう、ちょっと伝言を…。
B：はい。
A：あの、実は、明日ひろみさんと会う約束をしていたんですが…
B：ほう…会う約束ねえ…。

A : 예 ? 3222의 87….
B : 8754입니다.
A : 8754군요. 예, 알겠어요.
B : 그럼, 잘 부탁드립니다. 실례하겠습니다.

3. A : 예, 여보세요.
B : 저…, 야마다 씨 댁입니까 ?
A : 아니오, 아닌데요.
B : 앗, 죄송합니다.

4. A : 여보세요.
B : 아, 여보세요, 다까하시 씨 댁입니까 ?
A : 예, 그렇습니다.
B : 나, 가또인데….
A : 아, 가또 씨.
B : 안녕, 지금 바빠 ?
A : 아니, 괜찮아, 뭔데 ?
B : 저, 이또 씨의 전화 번호를 알고 있어 ?
A : 응, 알아. 잠깐 기다려.
B : 응.
A : 괜찮아 ? 말한다.
B : 응.
A : 에…, 이또 씨는…, 3456의 7891번이야.
B : 에…, 3456의….
A : 7891.
B : 7891이란 말이지.
A : 응, 그래.
B : 고마워.
A : 뭘…, 잘 자.

5. A : 여보세요, 고야마 씨 댁입니까 ?
B : 예, 그런데요.
A : 밤 늦게 죄송합니다만, 저…, 히로미 씨 좀 부탁드리고 싶습니다만….
B : 히로미는 나가고 없는데요.
A : 아, 그렇습니까 ? (혼자말로) 어떻게 하나….
B : 왜 그러죠 ?
A : 아, 저…, 말씀 좀 전해 주시면….
B : 예.
A : 저, 실은, 내일 히로미 씨와 만날 약속을 했는데요.
B : 그래요…만날 약속이란 말이지요 ?

Ａ：ええ、あの、それで、ちょっと急用ができてしまって、行けなくなってしまったんです。
Ｂ：そうですか。明日ですね。
Ａ：はい。
Ｂ：それだけ言えばいいですか。
Ａ：はい、すみませんがよろしくお願いします。
Ｂ：あっ、失礼ですが、お名前は。
Ａ：はい、加藤と申しますが…。
Ｂ：ああ、佐藤さんですね。
Ａ：いえ、いえ、加藤です。
Ｂ：ああ、加藤さんですか。わかりました。
Ａ：すみません。よろしくお願いします。じゃあ、失礼します。

6．Ａ：はい。
Ｂ：あっ、田中さん？
Ａ：えっ？
Ｂ：あっ、私、中村ですけど…。
Ａ：えっ？何番におかけですか。
Ｂ：あれ？そちらは3333の4444じゃありませんか。
Ａ：違います。

7．Ａ：もしもし。
Ｂ：はい、吉田です。
Ａ：すみません。田中と申しますが…。
Ｂ：はい。
Ａ：よしこさん、いらっしゃったらお願いしたいんですけど…。
Ｂ：少々お待ちください。
Ａ：はい。
Ｃ：もしもし、よしこですけど。
Ａ：ああ、俺、田中だけど。
Ｃ：あら、田中君。
Ａ：明日、暇？
Ｃ：暇じゃないわよ。宿題がたくさんあって大変なんだから…。
Ａ：そうか、映画でも見に行こうと思ったんだけど…。

A : 예. 저…, 그런데요, 좀 급한 일이 생겨서, 갈 수 없게 되었습니다.
B : 그래요, 내일이지요?
A : 예.
B : 그것만 전하면 됩니까?
A : 예. 죄송합니다만 잘 부탁드립니다.
B : 아, 실례지만 이름은?
A : 예, 가또라고 합니다만….
B : 아아, 사또 씨군요.
A : 아니, 아닙니다. 가또입니다.
B : 아아, 가또 씨입니까? 알겠습니다.
A : 죄송합니다. 잘 부탁합니다. 그럼, 실례하겠습니다.

6. A : 예.
B : 아, 다나까 씨?
A : 예?
B : 아, 나, 나까무라인데….
A : 예? 몇 번에 거셨나요?
B : 어머? 거기 3333의 4444가 아닌가요?
A : 아닙니다.

7. A : 여보세요.
B : 예, 요시다입니다.
A : 죄송합니다. 다나까라고 하는데요….
B : 예.
A : 요시꼬 씨 계시면 부탁드리고 싶습니다만….
B : 잠시 기다리세요.
A : 예.
B : 여보세요, 요시꼬입니다만.
A : 아아, 나, 다나까인데.
B : 어머, 다나까 군이야.
A : 내일 시간 있어?
B : 한가하지 않아. 숙제가 많아서 죽겠는 걸.
A : 그래? 영화라도 보러 가려고 생각했는데….

ANSWER

Ⅰ.　1．謝　2．小林　3．佐東　4．国頭　5．相木
6．安藤　7．前家

Ⅱ.　1．F　2．H　3．B　4．C　5．G　6．A　7．E

제25과

お祝いのプレゼント

축하 선물

토픽·어휘 선물

학습 내용 ① 선물하는 관습에 대해 상담을 하고, 조언을 듣는다.
(테이프 시간 : 7분 48초)
②〈문법 · 문형〉 수수(授受) 동사

연습 요령

- I 단계 : 테이프의 내용에 맞는 그림을 골라서, 해당하는 기호를 기입한다.
- II 단계 : 테이프의 대화를 듣고, 정한 선물을 골라서 그 기호를 기입한다.

AURAL TEST

I．テープの内容に合う絵を選び、記号を書きなさい。

例（C）　1（　）　2（　）　3（　）　4（　）　5（　）

II．テープの会話を聞いて、どのプレゼントに決めたか、記号を書きなさい。

例（S, E）　**1**（　　　）　**2**（　　　）　**3**（　　　）
4（　　　）　**5**（　　　）

SCRIPT

Ⅰ．テープの内容に合う絵を選び、記号を書きなさい。

例）大学に入学しました。叔父に入学祝いをもらいました。
1．結婚式のお祝いに母が真珠のネックレスをくれました。
2．1月15日は成人の日です。はたちになった人のお祝いです。
3．いとこの赤ちゃんが生まれました。出産祝いをあげようと思います。
4．来月、父が60歳になります。還暦のお祝いに何をあげようかと考えています。
5．ワンさんは学生会館を出て、アパートに引っ越したそうです。ワンさんは近所の人におそばをあげると言っていました。

Ⅱ．テープの会話を聞いて、どのプレゼントに決めたか、記号を書きなさい。

例）A：山田さん、2月14日、誰かにチョコレートをあげるつもりですか。
B：ええ、田中さんに。でも、チョコレートだけじゃありません。
A：えっ、バレンタインデーにはチョコレートを贈るんじゃないんですか。
B：ええ、でも、最近はチョコレートの他に何かプレゼントをするようになったんですよ。
A：そうですか。何をあげようと思ってますか。
B：そうですね、ネクタイとかシャツとか…。でも、たくさん持ってるし…。
A：あっ、そういえば、田中さん、きのう、傘をなくしたと言ってましたよ。
B：そうですか。じゃあ、それがいいですね。そうします。

1．A：石井先生、ちょっとよろしいですか。
B：何ですか。ハンさん。
A：あのう、保証人の娘さんが来月、結婚するそうなんですが、どんな物をプレゼントしたらいいでしょうか。
B：そうですね。私が結婚したときは、花やエプロン、コーヒーカップやお皿のセットをもらいましたね。あとアルバムとか。
A：ああ、いろいろあるんですね。
B：ええ。保証人の娘さんはどんな人ですか。
A：えーと、26歳で、会社員で…。
B：趣味は？
A：ええと、料理がとても上手な人です。そういえば、ご主人になる人とは料理パーティーで会ったそうです。
B：じゃあ、2人ともお料理が好きなんですね。
A：ええ、そう思います。あっ、そうですね。先生、あれ、あれ、あのう、料理をする時着る服、何ですか。
B：ああ、エプロン。
A：エプロンですか。じゃあ、それを2枚買って、2人にあげよう。
B：それはいい考えですね。

Ⅰ. 테이프의 내용에 알맞는 그림을 골라서, 기호를 쓰시오.

보기 대학에 입학했습니다. 아저씨에게 입학 축하 선물을 받았습니다.

1. 결혼 축하 선물로 어머니가 진주 목걸이를 주셨습니다.
2. 1월 15일은 성인의 날입니다. 스무 살이 된 사람을 축하하는 날입니다.
3. 사촌의 아기가 태어났습니다. 출산 축하 선물을 하려고 합니다.
4. 내달에, 아버지가 60세가 되십니다. 환갑 축하 선물로 무엇을 드릴까 생각 중입니다.
5. 왕 씨는 학생 회관에서 나가, 아파트로 이사갔다고 합니다. 왕 씨는 이웃 사람에게 국수를 (선물로) 드린다고 했습니다.

Ⅱ. 테이프의 대화 내용을 듣고, 어느 선물로 정했는가, 기호를 쓰시오.

보기 A : 야마다 씨, 2월 14일에 누구에게 초콜릿을 줄 생각이세요?
B : 예, 다나까 씨에게 (주려고 해요). 그렇지만, 초콜릿만이 아니예요.
A : 에? 발렌타인 데이에는 초콜릿을 선물로 보내는 것이 아닌가요?
B : 예. 하지만, 최근에는 초콜릿 말고도 무언가 다른 선물도 하게 되었답니다.
A : 그래요? 무엇을 선물할 생각이세요?
B : 글쎄요, 넥타이라든가 셔츠라든가…. 하지만, 많이 가지고 있을 테고….
A : 아, 그러고 보니, 다나까 씨, 어제 우산을 잃어버렸다고 하던데요.
B : 그래요? 그럼, 그것이 좋겠네요. 그렇게 하겠어요.

1. A : 이시이 선생님, 잠깐 시간을 내 주실 수 있겠습니까?
B : 뭐지요? 한 씨.
A : 저…. 보증인의 따님이 내달, 결혼한다고 하는데요, 어떤 물건을 선물하면 좋을까요?
B : 글쎄요. 제가 결혼했을 때에는 꽃이나 에이프런, 커피잔이나 접시 세트를 받았어요. 그리고 앨범이라든가.
A : 아아, 여러 가지를 할 수 있군요.
B : 예. 보증인의 따님은 어떤 사람이지요?
A : 에…, 26세이고, 회사원이고….
B : 취미는?
A : 저기, 요리를 아주 잘 하는 사람입니다. 그러고 보니, 남편이 될 사람과는 요리 파티에서 만났다고 해요.
B : 그럼, 둘 다 요리 만들기를 좋아하는 것 같군요.
A : 예, 그렇게 생각합니다. 아, 그렇다. 선생님, 저기, 저기, 저…, 요리를 할 때 입는 옷, 뭐라고 합니까?
B : 아아, 에이프런.
A : 에이프런입니까? 그럼, 그거 두 벌 사서, 두 사람에게 드려야겠어요.
B : 그거 좋은 생각인데요.

2．A：ねえ、広田さん。ちょっとデパートに行きたいんだけど…。

B：いいけど、どうして？

A：友達の敬子さんが、学生会館を出て、先週から、１人でアパートに住んでるの。それで、敬子さんに何かプレゼントをしたいと思うの。

B：ああ、引っ越しのお祝いね。おそばはどうかしら。

A：いやだわ、広田さん。おそばは、敬子さんが、近所の人にあげるものよ。

B：ああそうそう、まちがえちゃった。じゃあね、毎日使うものが、いいんじゃない？

A：そうね。じゃあ、食器売場に行ってみましょうか。（しばらくして）きのう、敬子さんに会った時、なべとかフライパンなんか、買わなくちゃいけないものが、たくさんあるって言ってたわ。

B：なべやフライパンねえ…。じゃあ、あのおなべはどう？

A：あら、かわいい。あれにしよう。（お店の人に）すみません、これください。

3．A：（ネクタイを見ながら）んんん、これもだめだなあ。

B：石川さん、石川さん、何をしているんですか。

A：ああ、近藤さん、いや実は、父の還暦のお祝いに何かあげようと思って…。

B：まあ、おめでとうございます。60歳になるんですね。

A：それで、赤いネクタイとかセーターとか見ているんですが、なんか、こう、父に似合わないと思うんです。

B：昔は何か赤いものをあげたそうですが、最近はねえ…。

A：はあ…。

B：私の時は、子供達がＪＲのフルムーンパスをくれましたよ。

A：ああ、ご夫婦で使う、電車の切符ですね。

B：自由に電車に乗って、主人と旅行したんですよ。本当に久しぶりでした。

A：フルムーンパスですか。いいですね。私の両親もずっと旅行なんてしてませんからねえ。うん、それにしよう。

B：あ、それから、ホテルの招待券も一緒にプレゼントするといいですよ。

A：招待券かあ。うん、いいですね。そうします。

B：ご両親はきっとお喜びになりますよ。

4．A：由美、聞いた？

B：何？ちかこ姉さん。

A：お兄さんの娘の都ちゃんがね、４月から大学生になるんですって。

B：あら、都ちゃんが、早いわね。

A：ええ、それでね、私達から、都ちゃんに入学祝いをあげようと思うんだけど、どうかしらね。

B：いいわよ。何にする？

A：都ちゃんも18歳でしょう、もう大人だし…。

B：ハンドバッグ、ハイヒールの靴なんかかしらね。

A：そうね、真珠のネックレスもいいわよ。

2. A : 저어, 히로따 씨. 잠깐 백화점에 가고 싶은데….
B : 괜찮지만, 왜?
A : 친구인 게이꼬 씨가 학생 회관을 나가서, 지난 주부터 혼자 아파트에서 살고 있어요. 그래서 게이꼬 씨에게 무언가 선물을 하고 싶어서.
B : 아아, 이사 축하 선물이군. 국수는 어떨까.
A : 그런 말 말아요, 히로따 씨. 국수는 게이꼬 씨가 이웃 사람에게 선물하는 거예요.
B : 아아, 맞다, 맞아, 잘못 생각했어. 그럼, 매일 사용하는 물건이 좋지 않을까?
A : 글쎄요. 그럼, 식기 매장에 가 볼까요? (잠시 후)
어제, 게이꼬 씨와 만났을 때, 냄비라든가 프라이팬 같은 거, 사야할 것이 많다고 하던데.
B : 냄비랑 프라이팬 말이지…? 그럼, 저 냄비는 어때?
A : 어머, 예쁘다. 저걸로 해야겠다. (점원에게) 여보세요, 이거 주세요.

3. A : (넥타이를 보면서) 이것도 안 되겠는데….
B : 이시까와 씨, 이시까와 씨, 뭘 하세요?
A : 아아, 곤도 씨, 아니 실은, 아버지 환갑 축하 선물로 뭔가 드리려고 해서….
B : 그래요, 축하합니다. 60세가 되시는군요.
A : 그래서, 빨간 넥타이랑 스웨터 등을 보고 있는데, 왜 그런지, 아버지에게 좀 어울리지 않을 것 같아서요….
B : 옛날에는 무언가 빨간 것을 드렸다고 하지만, 최근에야….
A : 예….
B : 내 경우에는 자식들이 JR의 풀 문 승차권을 주었어요.
A : 아아, 부부가 사용하는 전철(기차) 승차권 말이지요?
B : 마음대로 전철을 타고 남편과 함께 여행했어요. 정말 오래간만이었지요.
A : 풀 문 승차권입니까? 괜찮군요. 저의 부모님도 좀 여행 같은 건 못 하셨기 때문에 말이지요. 응, 그걸로 해야겠다.
B : 아, 그리고, 호텔 초대권도 함께 선물하면 더욱 좋지요.
A : 초대권요. 그래, 좋겠군요. 그렇게 하겠습니다.
B : 부모님은 반드시 기뻐하실 거예요.

4. A : 유미야, 들었어?
B : 뭐? 지까꼬 언니.
A : 오빠 딸인 미야꼬가 말이야. 4월부터 대학생이 된대.
B : 어머, 미야꼬가…, 빠르네.
A : 그래, 그래서 말이지, 우리가 미야꼬에게 입학 선물을 할까 하는데, 어때?
B : 좋아요. 뭘로 하지?
A : 미야꼬도 18살이잖아? 벌써 어른이고….
B : 핸드백, 하이 힐 같은 거 어떨까?
A : 글쎄, 진주 목걸이도 좋을 텐데.

B：ううん、でも、都ちゃん、持ってるかもしれないわ。
A：じゃあ、図書券か何か、あげようかしら。
B：ちかこ姉さん、それなら商品券はどうかしら、ほら、デパートの。
A：そうね。それで、都ちゃんがほしい物を買う。
B：ええ、最近の若い子はそのほうがいいわよ。
A：じゃあ、いくらぐらいにする？

5．A：おまえ、上野、知ってるよね。
B：ええ、あなたの高校の時の友達でしょう。去年、結婚した。
A：あいつに子供ができたんだって。女の子だって。
B：まあ、おめでたいわ。あの、上野さんが…もう、お父さんなのね。
A：それで、何か、贈ろうと思うんだけど、何がいいかなあ。
B：そうね、何がいいかしら。外国では銀のスプーンや子供が使うものをあげるそうよ。
A：銀のスプーンね。ちょっとなあ。子供の服はどうだ？
B：それもいいわね。子供の服も今は高いから。
A：アルバムもいいぞ。子供の写真がはれるし。
B：でも、最近は写真よりビデオのほうが人気があるのよ。
A：そうかあ、おむつやベビー石鹸なんかの日用品は？
B：いいけど、つまらないわよ。
A：じゃあ、やっぱり女の子だから、何かかわいい服をおまえデパートで…。
B：ええ、わかったわ。かわいい靴下と一緒に送るわ。

B : 으응, 하지만, 미야꼬는 가지고 있을지도 몰라.
A : 그럼, 도서권이나 뭔가 다른 거, 해 줄까?
B : 지까꼬 언니, 그렇다면 상품권은 어떨까? 저기, 백화점 거 말이야.
A : 그래. 그래서, 미야꼬가 갖고 싶은 물건을 산다….
B : 그래요. 요즘 젊은 애들에게는 그 편이 나아요.
A : 그럼, 얼마 정도로 하지?

5. A : 여보, 우에노(라는 사람), 알고 있지?
B : 예, 당신 고등 학교 때 친구 말이지요? 작년, 결혼한 사람.
A : 그 녀석이 애를 낳았대. 여자아이라고 하던대.
B : 어머나, 축하할 일이네요. 아아, 우에노 씨가…벌써, 아버지가 되었네요.
A : 그래서, 뭔가, 선물을 했으면 하는데, 무엇이 좋을까….
B : 글쎄요, 뭐가 좋을까? 외국에서는 은수저나 아이가 쓰는 것을 준다고 해요.
A : 은수저 말이지…. 조금 뭐한데. 아기옷은 어때?
B : 그것도 괜찮은데요. 아기옷도 지금은 비싸니까.
A : 앨범도 괜찮잖아. 아기 사진을 붙일 수 있고….
B : 하지만, 최근에는 사진보다 비디오 쪽이 인기가 있어요.
A : 그런가? 기저귀랑 베이비용 비누 같은 일용품은?
B : 좋지만, 시시해요.
A : 그럼, 역시 여자아이니까, 뭔가 예쁜 옷을…당신이 백화점에서.
B : 예, 알겠어요. 예쁜 양말과 함께 보낼게요.

ANSWER

Ⅰ. 1. A 2. F 3. D 4. B 5. E

Ⅱ. 1. C 2. G 3. L, K 4. I 5. O, T

제26과(1)

時間旅行

시간 여행

토픽·어휘 상황 설명

학습 내용 ① 시간 여행을 한 사람이 처음으로 본 전기 제품 등에 관해서 설명하는 내용을 듣는다.
(테이프 시간 : 5분 12초)
② 〈문법・문형〉 자동사・타동사

연습 요령

- Ⅰ 단계 : 테이프를 듣고, 해당하는 말에 ○를 기입한다.
- Ⅱ 단계 : 상황 설명을 듣고, 해당하는 그림의 기호를 기입한다.

AURAL TEST

I．テープを聞いて、a・bのどちらかに○をつけなさい。

例 ⓐ. 開く
b．開ける

1	a．切れる b．切る	**2**	a．回る b．回す	**3**	a．動く b．動かす
4	a．つく b．つける	**5**	a．出る b．出す	**6**	a．上がる b．上げる
7	a．割れる b．割る	**8**	a．入る b．入れる	**9**	a．止まる b．止める
10	a．動く b．動かす	**11**	a．上がる b．上げる	**12**	a．出る b．出す

II．1865年生まれの人が1991年に時間旅行をしました。自分の時代に戻った後、友達に見てきたものの説明をしています。
何について話しているか下の絵の中から選んで記号を書きなさい。

例 __C__ **1** ____ **2** ____ **3** ____ **4** ____ **5** ____

6 ____ **7** ____ **8** ____ **9** ____ **10** ____

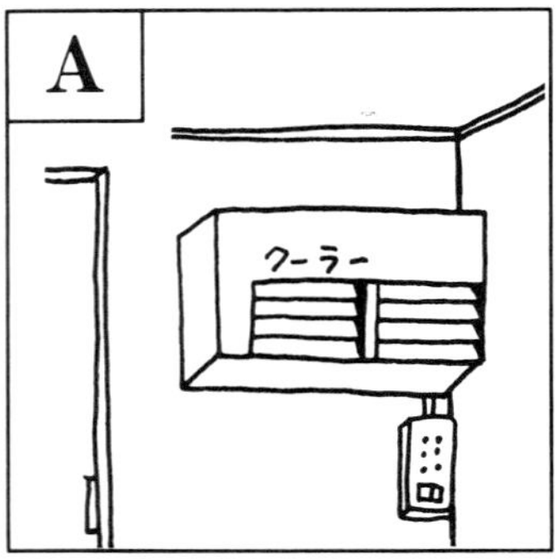

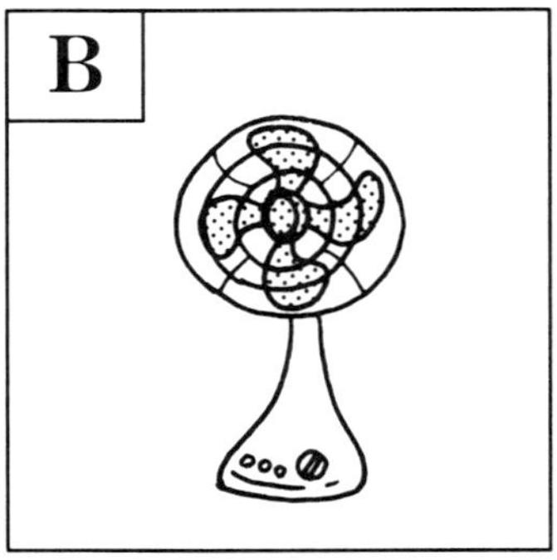

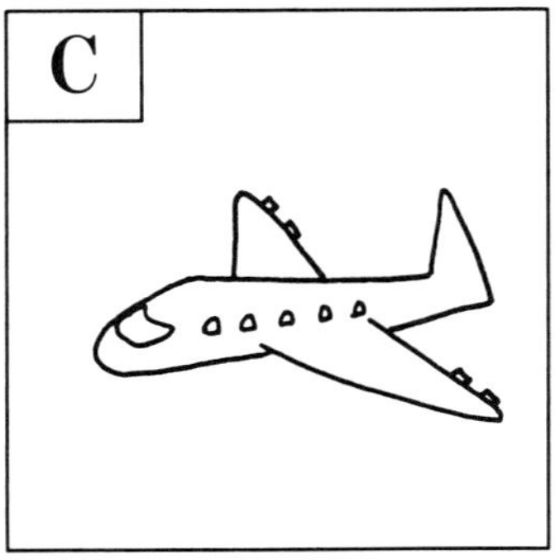

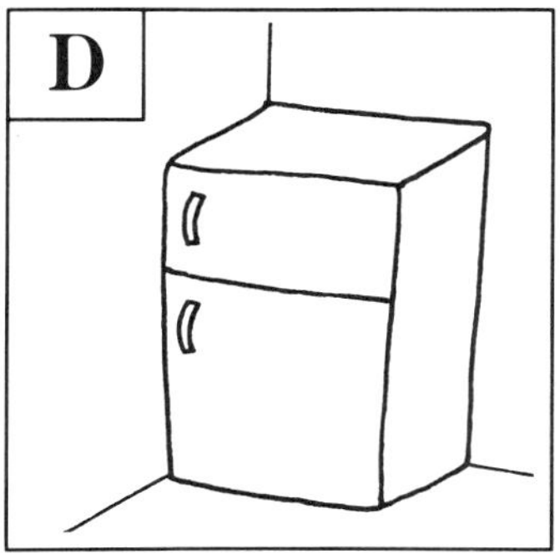
D

E

F

G

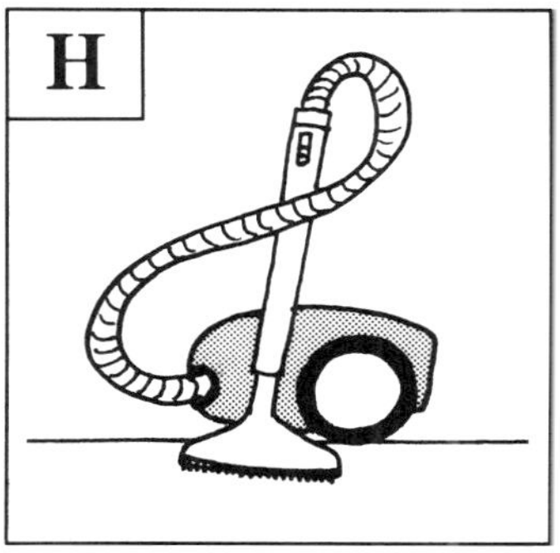
H

I

J

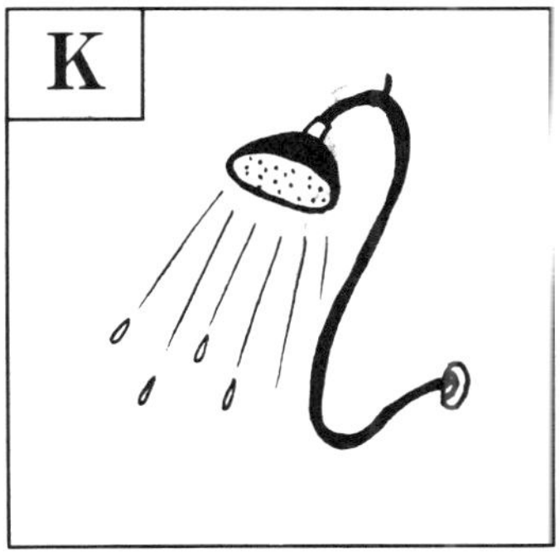
K

L

SCRIPT

Ⅰ．テープを聞いて、a・bのどちらかに○をつけなさい。

例）ドアが開いているので少し寒いです。

1．きのう、指を切ってしまいました。
2．テープが回っています。
3．ボタンを押しても動かないんです。
4．その電気はつけないでください。
5．8時にうちを出ました。
6．手を上にあげてください。
7．このお皿は私が割りました。
8．次に、調味料を入れてください。
9．停止ボタンを押すと止まります。
10．危ないから動かしてはいけません。
11．どうぞ、お上がりください。
12．月曜日までに宿題を出してください。

Ⅱ．1865年生まれの人が1991年に時間旅行をしました。自分の時代に戻った後、友達に見てきたものの説明をしています。
何について話しているか下の絵の中から選んで記号を書きなさい。

例）大きい鳥が飛んでいるんです。おなかの中にはたくさん人がいるのに落ちないんです。

1．階段が動くんです。全然止まらないんです。
2．私が近くに行くと大きいガラスが開いたり閉まったりするんです。
3．四角い箱のドアを開けると、もう電気がついているんです。中にあるものは、とても冷たいんです。
4．四角い箱で、その中はうるさい音で回るんです。よく見ているとときどき下からたくさん水が出るんです。静かなのもあると聞きました。
5．中で何かが回っているんです。それが、とても早く回るので、何が回っているのかわからないんです。それを使うと涼しくなるんです。その前で声を出すと変な声になるんですよ。
6．それは大きい箱で、上がったり下がったりするんです。箱の中に入るとちょっと気分が悪くなりました。
7．それは部屋の中にあるんです。体は小さいのにとてもうるさいんです。それが通るとごみが消えるんです。いやあすごかった。
8．ボタンを押すと冷たい風が出るんです。そして、それをずっとつけているととても寒くなるんです。夏だけ使うそうです。
9．箱の上に絵を置くと、同じ絵がたくさん出てくるんです。それから、絵が大きくなったり、小さくなったりするんです。中に人がいて、絵をかいているんでしょうか。
10．箱の中で人が動いているんです。箱の外にはたくさんボタンがあって、そのボタンを押すと速く動いたり、遅く動いたり、止まったりするんです。ちょっと大きいボタンを押してみました。すると、箱の中の人が消えて、暗くなりました。

I. 테이프를 듣고, a · b 어느 쪽에 ○를 표기하시오.

보기 문이 열려 있어서 조금 춥습니다.

1. 어제, 손가락을 베었습니다.
2. 테이프가 돌고 있습니다.
3. 단추를 눌러도 움직이지 않습니다.
4. 그 전기는 켜지 마십시오.
5. 8시에 집을 나섰습니다.
6. 손을 위로 드십시오.
7. 이 접시는 내가 깨뜨렸습니다.
8. 다음에, 조미료를 넣으십시오.
9. 정지 단추를 누르면 멈춥니다.
10. 위험하니까 움직여서는 안 됩니다.
11. 어서, 올라 오십시오.
12. 월요일까지 숙제를 제출하세요.

II. 1865년생인 사람이 1991년으로 시간 여행을 했습니다. 자기 시대로 되돌아간 후, 친구에게 보고 온 것에 대해 설명을 하고 있습니다.
무엇에 관해서 이야기하고 있는가를 아래의 그림에서 골라, 기호를 쓰시오.

보기 거대한 새가 날고 있는 거예요. 뱃속에는 많은 사람이 있는데도 떨어지지 않아요.

1. 계단이 움직이는 거예요. 전혀 멈추지 않아요.
2. 내가 가까이 가면 큰 유리가 열렸다 닫혔다 해요.
3. 네모 난 상자의 문을 열면, 이미 전기가 켜져 있어요. 속에 있는 건 아주 차가워요.
4. 네모 난 상자인데, 그 속은 시끄러운 소리를 내면서 돌아가요. 잘 보고 있으면 가끔 밑에서 물이 많이 나와요. 조용한 것도 있다고 들었어요.
5. 속에서 뭔가 돌고 있어요. 그것이, 아주 빨리 돌아가니까, 무엇이 돌고 있는지 알 수 없어요. 그것을 쓰면 시원해져요. 그 앞에서 목소리를 내면 이상한 소리로 변한답니다.
6. 그건 큰 상자인데, 올라갔다 내려왔다 해요. 상자 안에 들어갔더니, 조금 기분이 나빠졌어요.
7. 그것은 방 안에 있어요. 몸은 작은데도 아주 시끄러워요. 그것이 지나가면 쓰레기가 없어져요. 정말 굉장했어.
8. 단추를 누르면 차가운 바람이 나와요. 그리고 그것을 계속 켜놓고 있으면 아주 추워져요. 여름에만 쓴다고 해요.
9. 상자 위에 그림을 놓으면, 똑같은 그림이 많이 나오는 거예요. 그리고 그림이 커졌다 작아졌다 해요. 속에 사람이 들어 있어서 그림을 그리고 있는 걸까요?
10. 상자 속에서 사람이 움직이고 있는 거예요. 상자 바깥에는 단추가 많이 있어서, 그 단추를 누르면 빨리 움직이기도 하고, 느리게 움직이기도 하고, 멈추기도 하는 거예요. 조금 큰 단추를 눌러 보았어요. 그랬더니, 상자 속에 있는 사람이 없어지고 캄캄해졌어요.

ANSWER

I. 1. b 2. a 3. a 4. b 5. a 6. b 7. b
8. b 9. a 10. b 11. a 12. b

II. 1. G 2. I 3. D 4. J 5. B 6. E 7. H
8. A 9. L 10. F

제26과(2)

手をあげてください。

손을 드십시오.

토픽·어휘 체조

학습 내용 ① 지시에 따라 몸을 움직이는 동작에 대해 학습한다.
(테이프 시간 : 3분 55초)
② 〈문법 · 문형〉 타동사

연습 요령

- I 단계 : 테이프를 들으며, 지시대로 몸을 움직인다.
- II 단계 : 테이프를 듣고, 마지막 포즈를 골라서 해당하는 기호를 기입한다.

AURAL TEST

I．テープを聞いてください。

1

2
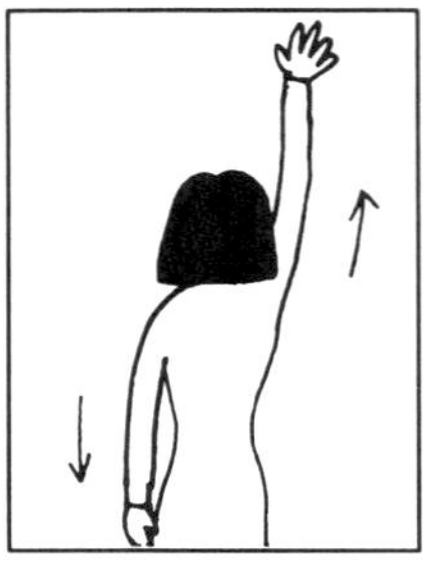

3

4
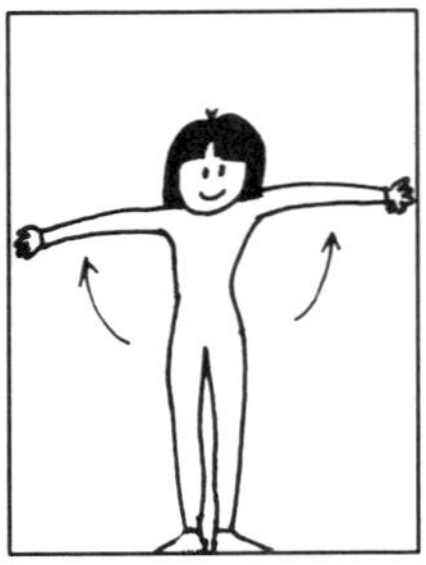

5
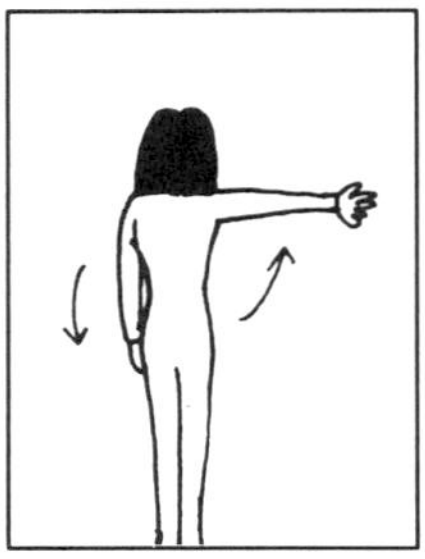

6
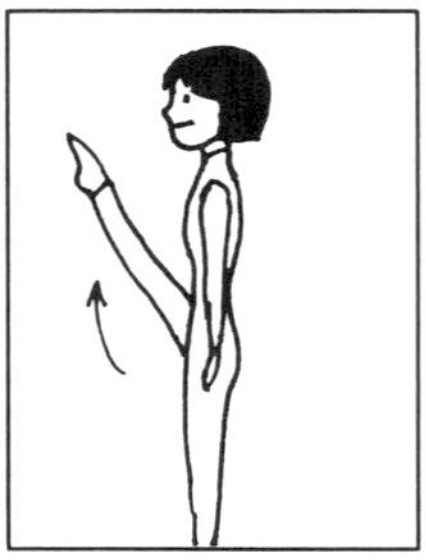

7
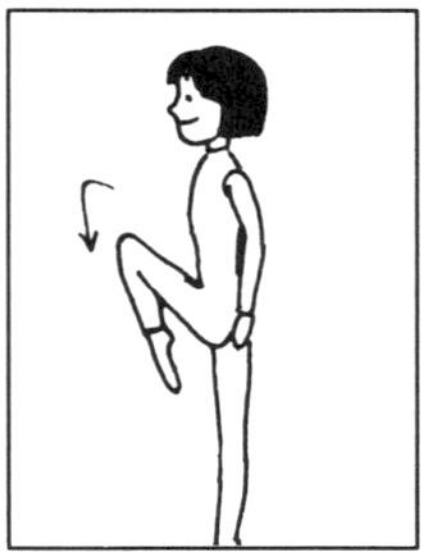

8

9

10

11

12

13

14
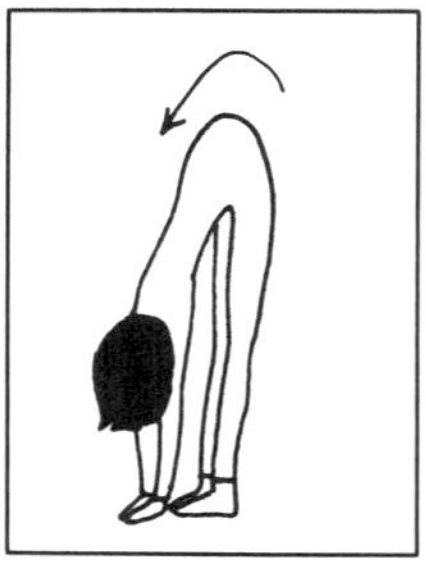

15
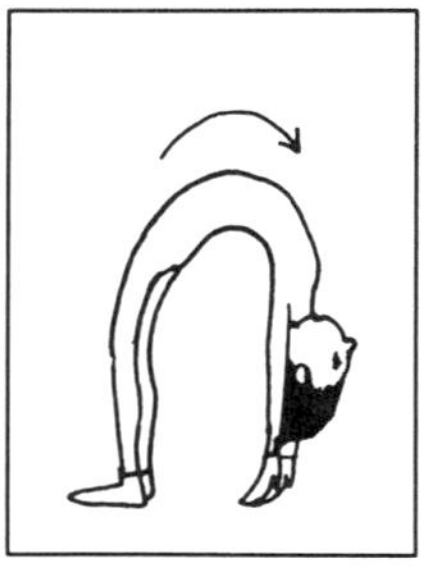

II．テープを聞いて、最後のポーズを選んで記号を書きなさい。

例 ___D___　1 ______　2 ______　3 ______　4 ______

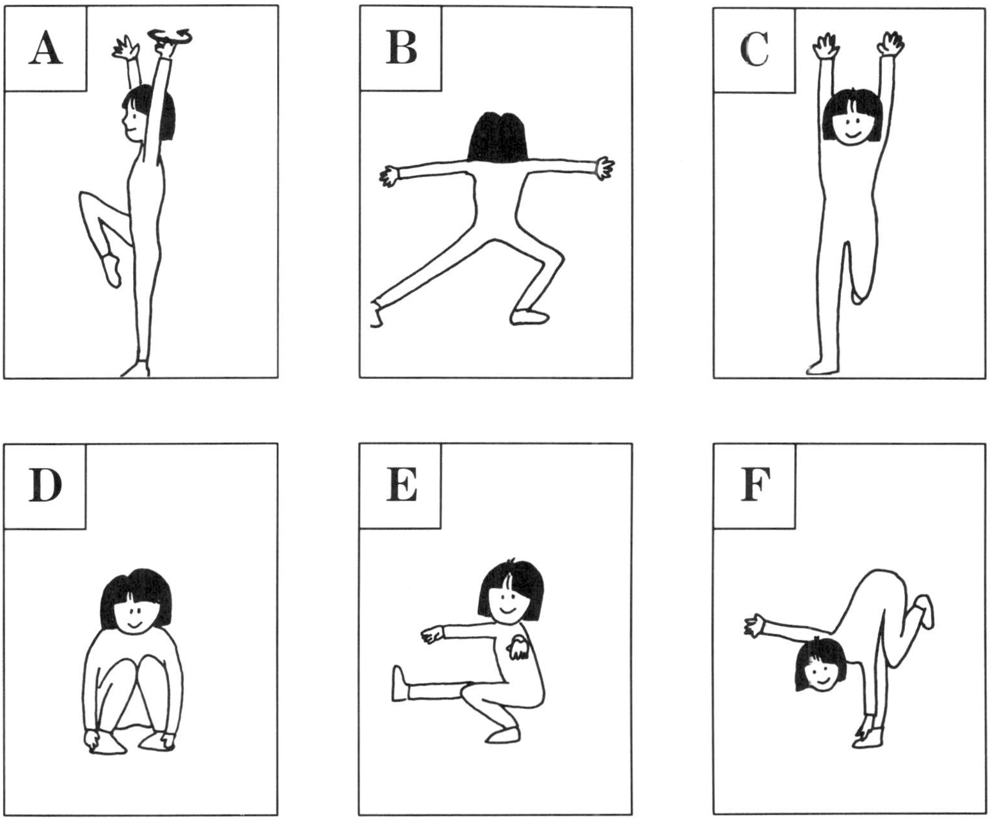

★では、もう一度テープを聞いて、一緒に動きましょう。

SCRIPT

Ⅰ. テープを聞いてください。

1. 手をあげる。両手を上にあげる。
2. 右手を上にあげて、左手を下にさげる。
3. 左手を前に出す。
4. 手を横にあげる。両手を横にあげる。
5. 右手を横にあげて、左手を下にさげる。
6. 右足を前にあげる。
7. 左足を前にあげて、左膝を曲げる。
8. 右足を後ろに曲げる。
9. 膝を曲げる。両膝を曲げる。
10. 右膝を曲げて、左膝を伸ばす。
11. 首を回す。
12. 手首を回す。
13. 肩を回す。
14. 体を前に曲げる。
15. 体を後ろに反らす。

Ⅱ. テープを聞いて、最後のポーズを選んで記号を書きなさい。

例) はい、じゃあ、右手をあげてください。それでは、右手をさげないで左手をあげてください。それから、両手をさげて両膝を曲げてください。

1. では、右足を曲げて左足を伸ばしてください。そして、両手を横にあげてください。
2. はい、まず、右足を前にあげて、曲げてください。それから、両手を上にあげて、左の手首だけ回してください。
3. はい、いきます。体を前に曲げて、右手を横にあげてください。あ、膝は曲げないでくださいね。はい、それじゃあ、左足を後ろに曲げて、はい、顔を上げてください。顔を上げるんですよ。
4. 左手を横にあげてください。はい、次に左手をさげないで右足を前にあげてください。それから、左足を曲げて右手を前に出してみましょう。できましたか。

Ⅰ. 테이프를 들으십시오.

1. 손을 든다. 두 손을 위로 든다.
2. 오른손을 위로 들고, 왼손을 아래로 내린다.
3. 왼손을 앞으로 내민다.
4. 손을 옆으로 든다. 두 손을 옆으로 든다.
5. 오른손을 옆으로 들고, 왼손을 아래로 내린다.
6. 오른발을 앞으로 올린다.
7. 왼발을 앞으로 올리고, 왼쪽 무릎을 구부린다.
8. 오른발을 뒤로 구부린다.
9. 무릎을 구부린다. 양 무릎을 구부린다.
10. 오른쪽 무릎을 구부리고, 왼쪽 무릎을 편다.
11. 목을 돌린다.
12. 손목을 돌린다.
13. 어깨를 돌린다.
14. 몸을 앞으로 구부린다.
15. 몸을 뒤로 젖힌다.

Ⅱ. 테이프를 듣고, 마지막의 포즈를 골라 기호를 쓰시오.

보기 자, 그럼, 오른손을 드세요. 그러면, 오른손을 내리지 갈고 왼손을 드세요. 그리고, 두 손을 내리고 양 무릎을 구부리세요.

1. 그러면, 오른발을 구부리고 왼발을 펴세요. 그리고 두 손을 옆으로 드세요.
2. 자, 먼저, 오른발을 앞으로 올려서, 구부리세요. 그리고 두 손을 위로 들고, 왼쪽 손목만을 돌리세요.
3. 자, 시작하겠습니다. 몸을 앞으로 구부려서, 오른손을 옆으로 드세요. 아, 무릎은 구부리지 마십시오. 자, 그럼, 왼발을 뒤로 구부리고, 예, 얼굴을 드세요. 얼굴을 드는 거예요.
4. 왼손을 옆으로 드세요. 자, 다음에는 왼손을 내리지 말고 오른발을 앞으로 드세요. 그 다음에, 왼발을 구부려서 오른손을 앞으로 뻗어 봅시다. 됐습니까?

ANSWER

II.　1. B　2. A　3. F　4. E

제27과

引っ越し

이사

토픽·어휘 이사

학습 내용 ① 이사의 절차에 대해 듣는다. (테이프 시간 : 3분 26초)
② 〈문법・문형〉 て~おきます, ~たまま

연습 요령

- Ⅰ 단계 : 테이프를 듣고, 내용의 순서대로 번호를 기입한다.
- Ⅱ 단계 : 테이프를 듣고, 해당하는 그림의 기호를 밑줄에 기입한다.

AURAL TEST

I. テープを聞いて、順番に番号を書きなさい。

II. テープを聞いて ___ に記号を書きなさい。

A

B

C

D

E

F

G

H

例 ___A___

1 ______ 2 ______ 3 ______

4 ______ 5 ______

SCRIPT

Ⅰ．テープを聞いて、順番に番号を書きなさい。

例）段ボール箱や新聞紙をたくさん集めておきます。
1．食器は新聞紙に包んで、段ボール箱に入れます。
2．たんすの中身は出して、段ボールに入れます。
3．段ボールに入れたものの名前を書いておきます。
4．食器棚のガラスははずしておきます。
5．たんすの引き出しが開かないように、ガムテープをはっておきます。
6．荷物を運ぶ前に、家具の位置を決めておきます。
7．荷物を運んだ後、部屋を掃除します。

Ⅱ．テープを聞いて、下線に記号を書きなさい。

例）Ａ：部屋は片付いた？
Ｂ：うん。部屋の中はダンボール箱とごみだけよ。
Ａ：家具もあるから大変ね。
Ｂ：うん、でも…うちには、たんすも食器棚もないの。
Ａ：ああ、そう。じゃあ、あとは日曜日を待つだけね。
Ｂ：ええ。でも、荷物を全部入れちゃったから毎日外食なの。
Ａ：まあ。

1．Ａ：奥さん、どうですか、準備のほうは。
Ｂ：今、食器を新聞で包んでいます。
Ａ：じゃあ、まだ途中ですね。
Ｂ：ええ、食器が多くて大変です。主人は仕事だし、子供は学校だし、私１人で準備するしかないんです。
Ａ：本当に大変ですねえ。

2．Ａ：どう？引っ越しの準備は。
Ｂ：ええ。少し掃除をして、ごみだけは集めました。
Ａ：大丈夫？あさってでしょう？
Ｂ：大丈夫です。あとは引っ越し屋さんがしてくれますから。
Ａ：引っ越し屋さんが…。
Ｂ：ええ、たんすの中に荷物を入れたままでいいんですよ。
Ａ：まあ。便利ねえ。

3．Ａ：どうですか、引っ越しは。
Ｂ：ええ、今日の午前中に終わりました。
Ａ：早いですね。じゃあ、もう部屋には何もないんですか。
Ｂ：ええ。あとは少し掃除するだけです。

Ⅰ. 테이프를 듣고, 순서대로 번호를 쓰시오.

보기 골판지 상자랑 신문지를 많이 모아 둡니다.
1. 식기는 신문지로 싸서, 골판지 상자에 넣습니다.
2. 장롱 속의 물건은 꺼내서, 골판지 상자에 넣습니다.
3. 골판지 상자에 넣은 물건의 이름을 써 둡니다.
4. 찬장의 유리는 빼 둡니다.
5. 장롱의 서랍이 열리지 않도록, 테이프를 붙여 놓습니다.
6. 짐을 운반하기 전에, 가구의 위치를 정해 둡니다.
7. 짐을 운반한 후, 방을 청소합니다.

Ⅱ. 테이프를 듣고, 밑줄에 기호를 쓰시오.

보기 A : 방은 다 치웠니?
B : 응. 방 안은 골판지 상지하고 쓰레기 뿐이야.
A : 가구도 있으니까, 큰일인데.
B : 응, 하지만…집에는 장롱도 찬장도 없는데 뭐.
A : 아아, 그래. 그럼, 남은 건 일요일을 기다리는 것 뿐이네.
B : 그래요. 하지만, 짐을 모두 넣어 버렸으니 매일 외식을 하고 있어요.
A : 어머나.

1. A : 아주머니, 어떠세요, 준비는?
B : 지금, 식기를 신문으로 싸고 있습니다.
A : 그럼, 아직 준비하는 중이시군요?
B : 예, 식기가 많아서 큰일이에요. 남편은 일이다, 아이는 학교다 해서 저 혼자서 준비할 수 밖에 없거든요.
A : 정말로 큰일이군요.

2. A : 어때요? 이사 준비는?
B : 예, 조금 청소를 해서, 쓰레기만큼은 모아 두었어요.
A : 괜찮아요? 모레지요?
B : 걱정없습니다. 나머지는 이삿짐 센터에서 해 주니까.
A : 이삿짐 센터에서…?
B : 예, 장롱 속에 짐을 넣어둔 채로 되거든요.
A : 어머나, 편리하군요.

3. A : 어떠세요? 이사는?
B : 예, 오늘 오전 중에 끝났습니다.
A : 빠르군요. 그럼, 방에는 이젠 아무 것도 없습니까?
B : 예. 나머지는 청소만 조금 남았습니다.

Ａ：手伝いましょうか。
Ｂ：ありがとうございます。でも、１人で大丈夫ですから…。

4．Ａ：もう、引っ越しって大変。
Ｂ：そうでしょう。荷物はもうダンボールに入れましたか。
Ａ：たんすの中身は全部入れたんですけど、食器がね…。
Ｂ：食器はすぐ使うから、最後がいいですよ。
Ａ：そうですね。食器棚のガラスだけははずしたんだけど、やりたくなくて…。

5．Ａ：引っ越し、手伝おうか。
Ｂ：本当？じゃあ、まず部屋を掃除して。
Ａ：え、まだ掃除もしてないの？
Ｂ：うん。まだ何もしてないんだ。ダンボールも集めなくっちゃ。
Ａ：やれやれ。わっ、本当に汚い部屋。
Ｂ：えへへ…。

A : 도와 드릴까요?
B : 감사합니다. 하지만, 혼자서도 충분하니까요….

4. A : 정말, 이사란 큰일이야.
B : 그렇지요. 짐은 벌써 골판지 상자에 넣었습니까?
A : 장롱 속의 것은 모두 넣었지만, 식기가 말이지요….
B : 식기는 곧 써야 하는 거니까, 나중에 하는 것이 좋아요.
A : 그렇겠군요. 찬장의 유리만큼은 빼 두었지만, 하고 싶지 않아서….

5. A : 이사, 도와 줄까?
B : 정말? 그럼, 먼저 방청소를 해 줘.
A : 뭐? 아직 청소도 하지 않았어?
B : 응. 아직 아무 것도 하지 않았어. 골판지 상자도 모아야 해.
A : 맙소사. 앗, 정말 더러운 방.
B : 어…헤헤.

ANSWER

I.

3	例	4
5	1	
6	7	2

II. 1. E 2. B 3. F 4. G 5. D

제28과

来てくれてありがとう。

와 주어서 고마워.

토픽·어휘 수수(授受) 표현

학습 내용 ① 누구에게서 어떤 동작을 해 받는다든가 남에게 해 주려고 생각하는 내용을 듣는다. (테이프 시간 : 5분 39초)

② 〈문법 · 문형〉 ~てくれます, ~てもらいます

연습 요령

- I 단계 : 테이프를 듣고, 해당하는 수수(授受) 관계를 화살표로 나타낸다.
- II 단계 : 테이프를 듣고, 해당하는 그림의 네모에 해당하는 사람의 기호를 기입한다.

AURAL TEST

I．テープを聞いて、例のように→（やじるし）を書きなさい。

例1　リン　⟶　わたし
例2　田中　⟵　山田

1．チン　　わたし
2．田中　　わたし
3．キム　　パク
4．田中　　わたし
5．キム　　パク
6．わたし　リン
7．田中　　わたし

II．テープを聞いて［　］に記号を書きなさい。

1　田中さん　リンさん

a．武さん
b．田中さん
c．リンさん
d．パクさん
e．京子さん

2 パクさん　先生(せんせい)

f．お父(とう)さん　g．吉田(よしだ)さん
h．お母(かあ)さん　i．山田(やまだ)さん
j．山本(やまもと)さん

3 良子(よしこ)さん　京子(きょうこ)さん

k．佐藤(さとう)さん　l．良子(よしこ)さん
m．マリーさん　n．中村(なかむら)さん
o．キムさん

SCRIPT

Ⅰ．テープを聞いて、例のようにやじるしを書きなさい。

例1）きのうリンさんが写真を見せてくれました。
例2）田中さんは山田さんに本を送ってもらったそうです。
1．チンさんに写真を撮ってもらいました。
2．先日、田中さんにごちそうしてもらいました。
3．キムさんはパクさんに日本語を教えてもらいました。
4．田中さんが電話をしてくれたのでよかったです。
5．キムさんの引っ越しはパクさんに手伝ってもらって早く終わったそうです。
6．手紙の書き方がわからないというのでリンさんに教えてあげました。
7．日本へ来た時、いろいろと田中さんが教えてくれました。

Ⅱ．テープを聞いて、しかくに記号を書きなさい。

1．Ａ：あら、田中さん、こんにちは。
Ｂ：あら、リンさん、こんにちは。元気そうね。
Ａ：ええ、おかげさまで。この間はお見舞いに来てくれてありがとう。
Ｂ：もうすっかりいいの？
Ａ：ええ、もう大丈夫。あの時田中さんが持ってきてくれた花は今でもうちで咲いているのよ。
Ｂ：あらそう、それはよかったわ。私のほかに誰がお見舞いに来てくれたの？
Ａ：ええと、京子さんと、パクさんと、武さん…かな。京子さんは、くだものを持って来てくれたの。パクさんは、あ、そうそう、本をたくさん貸してくれたの。退屈しないようにって。
Ｂ：武さんにも何かもらった？
Ａ：ええと、そうね、何だったかしら。
Ｂ：あ、ケーキじゃない？このあいだ、「いいケーキ屋を知っているか。」って言ってたから。
Ａ：そう、そうだった、ケーキを持ってきてくれたの。
Ｂ：とにかく、治ってよかったね。
Ａ：うん、ありがとう。

2．Ａ：あ、パクさん、こんにちは。
Ｂ：あ、先生、こんにちは。お久しぶりです。
Ａ：パクさん、元気そうね。大学生活はどう？うまくいってますか。
Ｂ：ええ、大変ですけど、まわりの人がみんな親切にしてくれるので、なんとかやっています。
Ａ：あら、そうですか。よかったですね。でもいろいろ困ることもあるでしょう。
Ｂ：ええ、このあいだ財布を落としたんです。

Ⅰ. 테이프를 듣고, 보기와 같이 화살표를 그리시오.

보기 1. 어제 린 씨가 사진을 보여 주었습니다.

보기 2. 다나까 씨는 야마다 씨에게 책을 부쳐 받았다고 합니다.

1. 진 씨에게 사진을 찍어 받았습니다(진 씨가 사진을 찍어 주었습니다).
2. 전번에, 다나까 씨에게 음식 대접을 받았습니다(전번에 다나까 씨가 음식 대접을 해 주었습니다).
3. 김씨는 박씨에게 일본어를 가르쳐 받았습니다(박씨는 김씨에게 일본어를 가르쳐 주었습니다).
4. 다나까 씨가 전화를 해 주었기 때문에 잘 되었습니다.
5. 김씨의 이사는 박씨의 도움을 받아서 빨리 끝났다고 합니다.
6. 편지 쓰는 법을 모른다고 해서 린 씨에게 가르쳐 주었습니다.
7. 일본에 왔을 때, 다나까 씨가 여러 가지로 가르쳐 주었습니다.

Ⅱ. 테이프를 듣고, 네모 안에 기호를 쓰시오.

1. A : 어머, 다나까 씨, 잘 있었어?
   B : 어머나, 린 씨, 잘 있었어? 건강해 보이는데.
   A : 응, 덕분에. 요전에는 문병와 주어서 고마워.
   B : 이젠 다 나았어?
   A : 응, 이젠 괜찮아. 그때 다나까 씨가 가져다 준 꽃은 지금도 집에서 잘 피어 있어.
   B : 어머, 그래? 그거 잘 됐네. 나 말고 누가 문병와 주었어?
   A : 저기, 교꼬 씨하고, 박씨하고, 다께시 씨…던가. 교꼬 씨는 과일을 가져 왔어.
   박씨는, 아, 그래 그래, 책을 많이 빌려 주었어.
   따분하지 않도록.
   B : 다께시 씨한테도 뭔가 받았어?
   A : 저기, 글쎄, 무엇이었더라?
   B : 아, 케이크 아니야? 요전에「좋은 케이크 가게를 알고 있니?」하고 묻던데 말이야.
   A : 그래, 그거였어, 케이크를 가져와 주었어.
   B : 하여튼, 병이 나아서 잘 됐어.
   A : 응, 고마워.

2. A : 아, 박씨, 안녕하세요?
   B : 아, 선생님, 안녕하세요? 오래간만에 뵙습니다.
   A : 박씨, 건강해 보이는데. 대학 생활은 어때요? 잘 하고 있어요?
   B : 예, 힘듭니다만 주위 사람들이 모두 친절히 대해 주어서, 그럭저럭 지내고 있습니다.
   A : 어머, 그래요? 잘 됐네. 하지만 여러 가지 어려운 경우도 있겠지?
   B : 예, 요전에는 지갑을 잃어 버렸었어요.

A：あら、そう。それは困ったでしょう。

B：ええ、でも、日本人の先輩の山田さんが一緒に交番に行ってくれたんです。その後みつかりました。

A：よかったわね。授業はどう、難しい？

B：はい、よくわからないので困ることもあります。でもルームメートの吉田さんという人にいつも教えてもらうんです。

A：そう。いいお友達と一緒でよかったわね。おうちの方々は元気なの？

B：はい、おかげさまで、元気みたいです。母はよく、国の食べ物を送ってくれます。そうそう、このあいだは父の誕生日だったので、国際電話をしてあげたんです。元気そうでした。

A：あら、それはよかった。おうちの皆さんに、私からもよろしく伝えてくださいね。

B：はい。先生、今度学校へ遊びに行きます。

A：ええ、ぜひ来てくださいね。みんな待ってますよ。

B：はい。じゃあ、あの、失礼します。

A：はい、またね。さようなら。

3．A：吉田さん、吉田良子さん。

B：え？あっ、京子さん、久しぶり。元気？

A：ええ、おかげさまで。ねえ良子さん、次の土曜日は忙しい？

B：次の土曜日って…ああ25日？ううん、何もないと思うけど、どうして？

A：あのね、私のうちでパーティーがあるの。良子さんもよかったら来てくれない？

B：うん、いいわよ。何か持っていくものはある？

A：そうね、良子さんはケーキを焼くのが上手だから、ケーキを焼いてきてくれる？

B：うん、いいわよ。他にはどんな人が来るの？

A：ええとね、キムさんとね、佐藤さんとね、リーさんとね、マリーさんと、中村さんかな。

B：ふうん。

A：キムさんには私が料理を作るのを手伝ってもらうの。

B：キムさんは料理が上手だからね。

A：佐藤さんはね、ギターを持ってきて歌を歌ってくれるって。

B：いいわね。

A：マリーさんはこのあいだのヨーロッパ旅行の写真を見せてあげるって言ってたわ。

B：わあ、おもしろそう。いろんな話をしてくれるかしら。

A：してくれると思うわよ。中村さんはお花をたくさん買ってきてくれるんだって。

B：へえ、やさしいわね。でも準備が大変そうね。私、早めに行って手伝ってあげる。

A：あら、どうもありがとう。

B：後片付けも手伝ってあげるわね。

A：ありがとう。じゃあ土曜日３時ごろでいい？

B：うん、いいわよ。じゃあ土曜日に。

A：またね、さようなら。

B：さよなら。

A : 저런, 그래? 정말 난처했겠네.
B : 예, 하지만, 일본인 선배인 야마다 씨가 함께 파출스에 가 주었습니다. 그 후에 찾았습니다.
A : 다행이었네. 수업은 어때, 어려워?
B : 예, 잘 몰라서 어려울 때도 있습니다. 하지만 룸메이트인 요시다 씨라는 사람에게 늘 배우고 있습니다.
A : 그래? 좋은 친구와 함께 있어서 잘 됐네. 댁의 가즉은 잘 계셔?
B : 예, 덕분으로 잘 계시는 것 같습니다. 어머니는 자주, 고국의 음식을 보내 줍니다. 아, 참, 요전에는 아버지 생신이었기 때문에 국제 전화를 해 드렸습니다. 건강하신 것 같았습니다.
A : 어머, 그건 다행이네. 댁의 여러분께, 나의 안부도 잘 전해 주세요.
B : 예. 선생님, 이 다음에 학교로 놀러 가겠습니다.
A : 그래. 꼭 와 주어요. 모두 기다리고 있을 테니까.
B : 예. 그럼, 저, 실례하겠습니다.
A : 그래. 다시 만나요. 안녕.

3. A : 요시다 씨, 요시다 요시꼬 씨.
B : 예? 아, 교꼬 씨, 오래간만이야. 잘 있었어?
A : 그래, 덕분에. 저기 요시꼬 씨, 다음 토요일 바빠?
B : 다음 토요일이라…아아 25일? 아니, 아무 일도 없을 것 같은데, 왜?
A : 저기, 우리 집에서 파티가 있어. 요시꼬 씨도 괜찮으면 와 주지 않겠어?
B : 응, 좋아. 뭐 가지고 갈 것 있어?
A : 글쎄, 요시꼬 씨는 케이크를 잘 구우니까, 케이크를 구워서 와 주겠어?
B : 그래, 좋아. 그 밖에 어떤 사람이 오지?
A : 저기…, 김씨하고, 사또 씨하고, 이씨하고 말이야, 마리 씨하고, 나까무라 씨인가….
B : 흠.
A : 김씨는 내가 요리를 만드는 걸 도와 줄 거야.
B : 김씨는 요리를 잘 하니까.
A : 사또 씨는 말이야, 기타를 가지고 와서 노래를 불러 준대.
B : 좋겠네.
A : 마리 씨는 전번의 유럽 여행 사진을 보여 준다고 했어.
B : 와, 재미있을 것 같다. 여러 가지 이야기를 해 줄까?
A : 해 줄거야. 나까무라 씨는 꽃을 많이 사 온다고 했고.
B : 정말? 친절하셔라. 그래도 준비가 큰일일 텐데. 나, 조금 일찍 가서 도와 줄게.
A : 그래, 정말 고마워.
B : 뒷정리도 도와 줄게.
A : 고마워. 그럼 토요일 3시쯤 괜찮아?
B : 응, 좋아. 그럼 토요일에.
A : 그럼, 또 만나요. 안녕.
B : 안녕.

ANSWER

Ⅰ.　1．チン→私　2．田中→私　3．キム←パク　4．田中→私
　　5．キム←パク　6．私→リン　7．田中→私

Ⅱ.　1．a．ケーキ　b．花　d．本　e．くだもの
　　2．f．電話　g．勉強　h．小包み　i．さいふ
　　3．k．ギター　l．ケーキ　m．アルバム　n．花　o．料理

제29과

スピーチ

스피치

토픽·어휘 홈스테이(Home-Stay)

학습 내용 ① 스피치를 듣는다. (테이프 시간 : 4분 47초)
② 〈문법 · 문형〉 ～ていただきます, ～てくださいます

연습 요령

- I 단계 : 테이프를 듣고, 해당하는 수수(授受) 관계를 화살표로 나타낸다.
- II 단계 : 테이프를 듣고, 이야기가 전개되는 순서대로 번호를 기입한다.

AURAL TEST

I. 例のように、文の意味を考えて→（やじるし）を書きなさい。

例 わたし　←　先生

1. わたし　　保証人
2. わたし　　パクさんのお母さん
3. 山田先生　　チン
4. 佐藤　　わたし
5. 先輩　　わたし
6. わたし　　ホームステイの家族
7. 先生　　わたし
8. わたし　　中村先生

II. テープを聞いて、話の流れの順に番号をつけなさい。

SCRIPT

I．例のように、文の意味を考えてやじるしを書きなさい。

例）この１年間、先生にいろいろなことを教えていただきました。
1．先週の日曜日、保証人の田中さんが歌舞伎を見に連れて行ってくださいました。
2．韓国へ行った時、パクさんのお母さんが韓国の服を着せてくださってとても嬉しかったです。
3．「山田先生のお宅へ行った時に結婚式の写真を見せていただきました。」とチンさんが言っていました。
4．佐藤さんに日本人の友達を紹介していただきました。
5．先輩に辞書を貸していただきました。
6．ホームステイの家族の方がとても親切にしてくださいました。
7．先生に駅からの道順を教えていただきました。
8．ゆうべ、中村先生が心配して電話をかけてきてくださいました。

II．テープを聞いて、話の流れの順に番号をつけなさい。

私が大沢町に来て、こちらのホームステイのプログラムに参加させていただいてから、あっというまに２週間が過ぎました。２週間という時間は長い時間ではありませんが、ここに来てたくさんの思い出ができたので、私にとってはとても有意義な毎日だったと思います。

はじめにここでのお父さん、お母さんと会って、うちに行ってから家族の人に挨拶をした時は、緊張して日本語もうまく話せませんでした。でも、お父さん、お母さんをはじめ家族の方々が私を家族の一員として暖かく見守ってくださって、とても優しくしていただいたので、すぐに安心して、本当に楽しい日本の生活をすることができました。特に、お父さんに大沢町の海に連れて行っていただいたことは、とても深く印象に残っています。大沢町の海岸にある岩はとても珍しいもので、私の国では見たことがありませんでした。それから、おばあさんに日本のゆかたを着せていただいたこともすばらしい思い出です。ゆかたを着るのは初めてで、ちょっと恥ずかしかったんですが、着てみたら家族の皆さんが似合うと言ってくださったので、とても嬉しかったです。もちろん、たくさん写真も撮ったので東京に帰っても大沢町のことを思い出したい時はいつでもこの写真を見ようと思っています。

それから、お母さんが作ってくださった煮物の味は忘れることができません。私がおいしいと言うと、またたくさん作ってくださいました。そして、きのうは、お父さん、お母さんが花火を見に連れて行ってくださいました。大沢町で美しい花火を見たことは、このホームステイプログラムの中で、一番思い出に残るできごとです。

いよいよ、明日、東京に帰ることになりました。いろいろなことを思い出すと、大沢町や、家族の皆さんとお別れするのが悲しくなります。日本に来て、初めて家族と一緒にいる気持ちを味わいました。そして日本語も少し上手になったような気がします。いろいろな日本の習慣を教えていただいて、家族の温かさを感じることができました。お父さん、お母さん、おばあちゃん、みどりさん、ありがとうございます。このホームステイの担当の方々をはじめ、大沢町の皆さん、本当にお世話になりました。ありがとうございました。

Ⅰ. 보기와 같이, 문장의 의미를 생각해 보고 화살표를 그리시오.

보기 이번 1년 동안, 선생님에게 여러 가지 일에 대해 가르침을 받았습니다.

1. 지난 주 일요일에, 보증인인 다나까 씨가 가부끼를 보러 데려가 주셨습니다.
2. 한국에 갔을 때, 박씨 어머니가 한국옷을 입혀 주셔서 정말 기뻤습니다.
3. 「야마다 선생님 댁에 갔을 때 결혼식 사진을 보여 주셨습니다.」 하고 진 씨가 말했습니다.
4. 사또 씨가 일본인 친구를 소개해 주셨습니다.
5. 선배가 사전을 빌려 주셨습니다.
6. 홈스테이하는 집의 가족이 매우 친절하게 대해 주셨습니다.
7. 선생님이 역에서 가는 길을 가르쳐 주셨습니다.
8. 어제 저녁, 나까무라 선생님이 걱정하셔서 전화를 걸어 주셨습니다.

Ⅱ. 테이프를 듣고, 이야기의 흐름 순서대로 번호를 붙이시오

제가 오사와쪼(大沢町)에 와서, 이곳의 홈스테이 프로그램에 참가한 후, 눈깜짝하는 사이에 2주일이 지났습니다. 2주일이란 시간은 긴 시간은 아닙니다만, 여기에 와서 많은 추억이 남게 되어 저로서는 매우 뜻깊은 하루하루였다고 생각합니다.

처음 여기에서 아버님, 어머님과 만나고, 댁에 가서 가족분들께 인사를 했을 때에는, 긴장이 되어 일본어도 제대로 할 수 없었습니다. 그러나, 아버님과 어머님을 비롯한 가족 여러분께서 저를 가족의 일원으로 따뜻이 지켜 봐 주시고, 아주 다정하게 대해 주셨기 때문에, 곧 안심하게 되어, 정말로 즐거운 일본 생활을 할 수 있었습니다. 특히, 아버님께서 오사와쪼의 바다로 데려가 주신 일이 매우 인상깊게 남아 있습니다. 오사와쪼의 해변에 있는 바위는 아주 희귀한 것이어서, 우리 나라에서는 본 적이 없었습니다. 그리고 할머님께서 일본의 유까따(ゆかた)를 입혀 주셨던 일도 멋진 추억이 될 것입니다. 처음으로 유까따를 입어 보는 것이어서 조금 부끄러웠습니다만, 입고 보니 가족 여러분께서 어울린다고 말씀해 주셔서 아주 기뻤습니다. 물론, 사진도 많이 찍었기 때문에 도꾜로 돌아가서도 오사와쪼에서 겪은 일을 회상하고 싶을 때에는 언제나 이 사진을 꺼내서 보려고 합니다.

그리고 어머님이 만들어 주신 요리 맛은 잊을 수가 없습니다. 제가 맛이 있다고 하면, 또 많이 만들어 주셨습니다. 그리고, 어제는 아버님과 어머님이 불꽃놀이를 구경하러 데려가 주셨습니다. 오사와쪼에서 아름다운 불꽃놀이를 본 일은, 이 홈스테이 프로그램 중에서 가장 인상에 남는 일입니다.

마침내, 내일, 도꾜에 돌아가게 되었습니다. 여러 가지 일을 생각해 보면, 오사와쪼와, 그리고 가족 여러분과 헤어진다는 것이 슬퍼집니다. 일본에 와서, 처음으로 가족과 함께 생활하는 기분을 맛보았습니다. 그리고 일본어도 조금 능숙해진 것같이 느껴집니다. 여러 가지 일본의 관습에 대해 가르쳐 주셔서, 가족의 따스함을 느낄 수 있었습니다. 아버님, 어머님, 할머님, 미도리 씨, 감사합니다. 이 홈스테이를 담당하신 여러분을 비롯하여 오사와쪼의 여러분, 정말로 많은 신세를 졌습니다. 감사합니다.

ANSWER

Ⅰ．　1．私←保証人　　2．私←パクさんのお母さん　　3．山田先生→チン
　　4．佐藤→私　　5．先輩→私　　6．私←ホームステイの家族
　　7．先生→私　　8．私←中村先生

Ⅱ．

<table>
<tr><td>4</td><td>2</td></tr>
<tr><td colspan="2">5</td></tr>
<tr><td>1</td><td>3</td></tr>
</table>

제30과

まちがえてしまいました。

잘못하고 말았습니다.

토픽·어휘 경어

학습 내용 ① 경어 사용법의 실패담을 듣고 메모한다.
(테이프 시간 : 6분 47초)
② 〈문법 · 문형〉 경어

연습 요령

- I 단계 : 테이프의 내용과 맞는 것에 ○를 기입한다.
- II 단계 : 테이프를 듣고, 잘못한 말을 메모한다. 그 다음에 바른 표현을 네모 속에 기입한다.

AURAL TEST

I．テープの内容と合っているものに○をつけなさい。

例

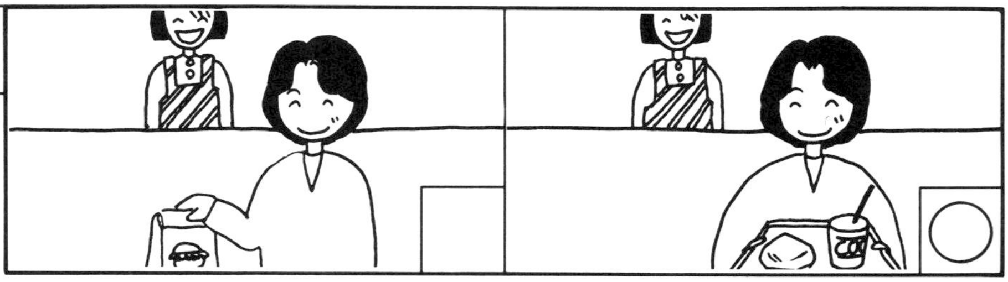

1

2

3

4

II. 例のようにまちがった部分をメモしてください。また、テープを聞いた後で正しい言い方を書きなさい。

例

誤 写真を撮って。

↓

正
写真を撮っていただけませんか。
写真を撮ってくださいませんか。

1

誤

↓

正

2

誤（ご）

↓

正（せい）

3

誤（ご）

↓

正（せい）

4

誤（ご）

↓

正（せい）

5

誤（ご）

↓

正（せい）

SCRIPT

Ⅰ．テープの内容と合っているものに○をつけなさい。

例）Ａ：いらっしゃいませ、何にいたしましょうか。
　　Ｂ：ええと、ハンバーガーとコーラ、ください。
　　Ａ：こちらでお召し上がりですか。お持ち帰りですか。
　　Ｂ：ああ、ええと、ここで食べます。

1．上にまいります、上にまいります。本日は文化デパートにご来店くださいまして、まことにありがとうございます。ご利用の階をお知らせください。上にまいります。

2．お客様にお願い致します。当駅では８時30分から９時まで禁煙タイムを実施しております。この時間のおたばこはご遠慮ください。

3．Ａ：いらっしゃいませ。
　　Ｂ：あ、ここがいいわね。広いから……ここにしない？
　　Ｃ：そうだね。窓の外の景色も見えるし。
　　Ａ：あっ、お客様、申し訳ございません。
　　Ｂ、Ｃ：は？
　　Ａ：こちらは予約席になっております。

4．本日は当プールをご利用くださいまして、誠にありがとうございます。場内の皆様にお知らせいたします。プールに入る際にはシャワーを頭の上からよく浴び、腰洗い槽に腰までつかり、適度に準備体操を行ってから足元より静かにお入りください。

Ⅱ．例のようにまちがった部分をメモしてください。また、テープを聞いた後で正しい言い方を書きなさい。

例）Ａ：この前ね。（Ｂ：ええ）敬語の使い方をまちがえちゃったんです。
　　Ｂ：えっ、どんなふうに？
　　Ａ：チンさんと一緒に公園に行ってね。（Ｂ：ええ）そばにいた若い女の人に写真を撮ってもらおうと思ったんですよ。
　　Ｂ：それで？
　　Ａ：それで、その時「すみません。写真を撮って。」って言ったら、その女の人が変な顔をしたんです。
　　Ｂ：「写真を撮って。」ですか。そりゃ、そうですよ。知らない人でしょ。
　　Ａ：そうなんです。

1．Ａ：この前、マクドドーナッツに変なお客さんがいたの。
　　Ｂ：へえ、どんな？
　　Ａ：あのね、店員さんに「すみません、コーラ、お持ち帰りです。」って言ってね…。

Ⅰ. 테이프의 내용과 맞는 것에 ○를 표기하시오.

보기 A : 어서 오십시오, 무엇으로 하시겠습니까?
B : 저기, 햄버거하고 콜라, 주세요.
A : 여기에서 잡수시겠습니까? 가져가시겠습니까?
B : 아아, 저…, 여기에서 먹겠습니다.

1. 올라갑니다, 올라갑니다. 오늘은 봉까 백화점을 찾아 주셔서, 대단히 감사합니다. 이용하실 층을 말씀해 주십시오. 올라갑니다.

2. 손님에게 부탁드립니다. 당역에서는 8시 30분부터 9시까지 금연 시간을 실시하고 있습니다. 이 시간 중에는 담배를 삼가하여 주시기 바랍니다.

3. A : 어서 오십시오.
B : 아, 여기가 좋겠네. 넓어서…여기로 하지 않겠어?
C : 그렇군. 창문 밖의 경치도 보이고.
A : 저기, 손님, 죄송합니다.
B, C : 예?
A : 여기는 예약석입니다.

4. 오늘은 저희 풀을 이용하여 주셔서, 대단히 감사합니다. 장내의 여러분께 알려 드립니다. 풀에 들어갈 때에는 머리 위에서부터 충분히 샤워를 하고, 허리까지 차는 수조(腰洗い槽)에서 허리까지 몸을 담그고, 준비 체조를 적당히 한 후에 발끝부터 천천히 들어 가십시오.

Ⅱ. 보기와 같이 틀린 부분을 메모하시오. 또, 테이프를 들은 후에 바른 표현을 쓰시오.

보기 A : 전번에 말이지요. (B : 네.) 경어 사용을 잘못하고 말았어요.
B : 에? 어떤 식으로?
A : 진 씨와 함께 공원에 가서 말이지요. (B : 예에.) 곁에 있던 젊은 여자에게 사진 촬영을 부탁하려고 생각했거든요.
B : 그래서?
A : 그래서, 그때 「미안합니다. 사진을 찍어 줘(写真を撮って).」라고 했더니, 그 여자가 이상한 얼굴을 했어요.
B : 「사진을 찍어 줘.」 말입니까? 그건, 그렇네요. 도르는 사람이죠?
A : 그렇습니다.

1. A : 요전에, 맥도 도넛에 이상한 손님이 있었어.
B : 뭐, 어떤?
A : 저…, 점원에게 「저기, 콜라, 가져 가십니다.」라고 했거든.

Ｂ：えっ、「お持ち帰りです。」？
Ａ：うん、変でしょ。
Ｂ：そうよね。「お持ち帰りです。」は変よ。

２．Ａ：田中さん（Ｂ：え？）日本語は難しいですね。
Ｂ：そうですか。でも、リンさんは上手ですよ。
Ａ：いいえ、そんなことはありませんよ。この前もまちがえてしまったんです。
Ｂ：どんなことをまちがえたんですか。
Ａ：この前ね。（Ｂ：ええ）クラスのパーティーがあったんです。
Ｂ：へえ、いいですね。
Ａ：その時、隣に先生がいらっしゃったんで、「先生、サラダ食べたいですか。」って言ったんです。
Ｂ：んん……「サラダ食べたいですか。」はちょっと変ですね。
Ａ：そうなんです。その時は先生が直してくださったんですけど、恥ずかしかったですよ。
Ｂ：そうだったんですか。でも、まちがえたほうが上手になりますよ。頑張ってください。

３．Ａ：日本語って難しいですね。
Ｂ：どんなところですか。
Ａ：そうですね。全部難しいけど、特に「してもらう」とか「してあげる」とか、ああいう表現は難しいですね。
Ｂ：そうですね。あれはちょっと難しいかもしれませんね。
Ａ：文法が正しくても、使えない表現ってありますよね。
Ｂ：例えばどんな表現ですか。
Ａ：この前ね、（Ｂ：ええ）先生が授業の時、辞書をさがしていたんですよ。
Ｂ：ええ、それで？
Ａ：その時、私が「先生、この辞書を貸してあげます。」って言ったんですよ。
Ｂ：「先生、この辞書を貸してあげます。」か…変ですね。文法は正しいかもしれないけど…。
Ａ：そうなんですよ。なんか、先生も少し怒っちゃったんです。
Ｂ：んん…そうですね。

４．Ａ：山本さん、敬語の使い方は難しいですね。
Ｂ：ええ、日本人にとっても難しいですよ。
Ａ：え、そうなんですか。
Ｂ：ええ、私もまちがえたことがあるんですよ。
Ａ：へえ、どんなまちがいですか。
Ｂ：ええと、いつだったかね……（Ａ：ええ）帰る時に、ちょうど先生にお会いしたので、「先生、ご苦労さまでした。」って言ったんですよ。

B：엣,「가져 가십니다.」?
A：응, 이상하지?
B：그래.「가져 가십니다.」하면 이상해.

2. A：다나까 씨 (B：예?) 일본어는 어렵군요.
B：그래요. 하지만, 린 씨는 잘해요.
A：아니오, 그렇지 않아요. 전번에도 잘못 말하고 말았어요.
B：어떤 말을 잘못 했지요?
A：전번에 말이죠. (B：예.) 클래스 파티가 있었어요.
B：그래요? 좋았겠네요?
A：그때, 옆에 선생님이 계셨는데,「선생님, 샐러드가 먹고 싶습니까?」라고 말했거든요.
B：으응……「선생님, 샐러드가 먹고 싶습니까?」는 조금 이상한데요.
A：그래요.
그때는 선생님이 고쳐 주셨지만, 부끄러웠어요.
B：그랬어요? 하지만, 잘못한 편이 오히려 능숙해지는 법이에요.
힘내세요.

3. A：일본어란 어렵네요.
B：어떤 부분요?
A：글쎄요. 모두 어렵지만, 특히「してもらう」라든가「してあげる)」라든가, 그런 표현은 어려워요.
B：그렇겠군요. 그건 조금 어려울지 모르겠네요.
A：문법은 맞아도, 쓸 수 없는 표현이란 것이 있잖아요.
B：예를 들면 어떤 표현입니까?
A：전번에 말이지요, (B：예.) 선생님이 수업 시간에, 사전을 찾고 계셨어요.
B：예…, 그래서?
A：그때, 제가「선생님, 이 사전을 빌려 주겠습니다.」라고 말했거든요.
B：「선생님, 이 사전을 빌려 주겠습니다.」란 말이지….
이상한데요. 문법은 맞았는지 몰라도….
A：그렇답니다. 왜 그런지 선생님도 조금 화를 내고 말았어요.
B：으응…그렇겠지요.

4. A：야마모또 씨, 경어의 사용법은 어렵군요.
B：예…, 일본인으로서도 어려워요.
A：예? 그러세요?
B：예…, 저도 잘못 말한 적이 있어요.
A：예? 어떤 잘못이지요?
B：예…, 언제였더라…(A：예.) 집에 갈 때, 마침 선생님을 만나뵙게 되어서,「선생님, 수고하셨습니다.」라고 말했어요.

A：その「先生、ご苦労さまでした。」が変なんですか。

B：ええ、目上の人に対して「ご苦労さまでした。」って言うのは失礼なんですよ。

A：へえ、じゃあ、そんな時は何て言えばいいんですか。

B：そうですね。「お先に失礼します。」って言いますね。

A：そうなんですか。難しいんですね。

5．A：この前、敬語の使い方をまちがえてしまったんですよ。

B：どんなふうにですか。

A：あのね。（B：ええ）会社で電話をとった時に、取引先の人が「部長さん、いらっしゃいますか。」ってきくから、「部長は今いらっしゃいません。」って言ったんですよ。

B：えっ、「いらっしゃいません」がまちがいなんですか。

A：そうですよ、パクさん。会社の中の人と話す時は「部長はいらっしゃいますか。」という尊敬語を使ってもいいけど、自分の会社以外の人、例えば、取引先の人とかに対しては謙譲語を使うんですよ。

B：ああ、そうなんですか。じゃあ、どんな言い方をすればいいんですか。

A：そうですね。例えば、「部長はただいま席をはずしておりますが…。」とか、「外出しておりますが…。」とか言うんでしょうね。

B：なるほど。

A：그 「선생님, 수고하셨습니다.」라고 한 것이 이상한 겁니까？
B：예…. 윗사람에게 「선생님, 수고하셨습니다.」라고 하는 건 실례가 되는 거예요.
A：예？ 그럼, 그런 때는 뭐라고 해야 되지요？
B：글쎄요. 「먼저 실례하겠습니다.」라고 하지요.
A：그런가？ 어렵군요.

5. A：전번에, 경어를 잘못 쓰고 말았어요.
B：어떤 식으로 말이지요？
A：저기. (B：예.) 회사에서 전화를 받았을 때, 거래처의 사람이 「부장님, 계십니까？)」 하고 묻길래, 「부장님은 지금 안 계십니다.」라고 말했거든요.
B：예？ 「안 계십니다.」가 잘못이란 말입니까？
A：그래요, 박씨. 같은 회사 사람과 이야기할 때에는 「부장님은 계십니까？」라는 존경어를 써도 되지만, 자기 회사 이외의 사람, 예를 들면, 거래처 사람이라든가 하는 사람에게는 겸양어를 쓰는 겁니다.
B：아아, 그래요？ 그럼, 어떤 표현을 써야 되지요？
A：글쎄요. 예를 들면, 「부장은 지금 자리를 비우고 있습니다….」라든가, 「외출 중입니다만….」라든가 하고 말해야겠지요.
B：그렇군요.

ANSWER

I.	1.		○	2.		○	3.	○		4.	○	

II.

1. 誤：お持ち帰りです。
   正：持ち帰ります。／持って帰ります。
2. 誤：サラダ、食べたいですか。
   正：サラダ（を）召し上がりますか。／サラダはいかがですか。
3. 誤：この辞書を貸してあげます。
   正：この辞書をお貸ししましょうか。／この辞書をお使いになりますか。
   ／この辞書をどうぞ。／どうぞお使いください。
4. 誤：ご苦労さまでした。
   正：お先に失礼します。
5. 誤：(部長は今) いらっしゃいません。
   正：(部長は今) おりません。／(部長は今) 外出しておりますが…。
   (部長はただ今) 席をはずしておりますが…。

제31과

きれいになろう。

예쁘게 되자.

토픽·어휘 미용실・이발소에서 쓰는 말

학습 내용 ① 미용실・이발소에서 쓰는 머리형에 관한 말을 듣는다.
(테이프 시간 : 7분 22초)
② 〈문법・문형〉 ～くします ～くなります
～よう(みたい)です

연습 요령

- Ⅰ-1단계 : 테이프를 듣기만 한다.
- Ⅰ-2단계 : 테이프를 듣고, 내용의 순서대로 번호를 기입한다.
- Ⅱ 단계 : 테이프를 듣고, 맨 처음에 원했던 머리 스타일과 완성된 후의 머리 스타일을 그림에서 고른다.

AURAL TEST

I－1．聞(き)いてください。

1

2

3

4

5

I－2．テープの会話(かいわ)を聞(き)いて、内容(ないよう)の順(じゅん)に番号(ばんごう)を書(か)いてください。

II. テープを聞いて、最初に希望していた髪形と、できあがった後の髪形を下から選びなさい。

(E) → (A)　(　　) → (　　)　(　　) → (　　)　(　　) → (　　)

希望　結果

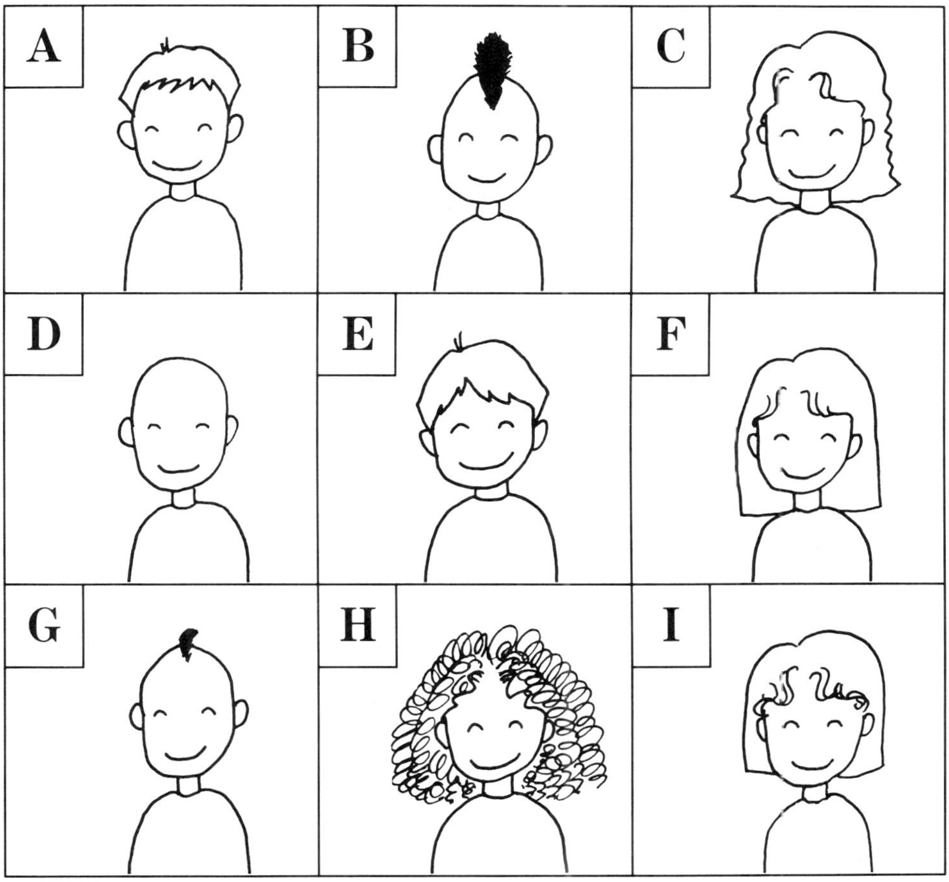

SCRIPT

Ｉ－１．聞いてください。

１．髪を切ります。カットをします。カットします。
２．パーマをかけます。
３．髪を洗います。シャンプーをします。シャンプーします。
４．ブローをします。ブローします。
５．ひげを剃ります。顔を剃ります。

Ｉ－２．テープの会話を聞いて、内容の順に番号を書いてください。

例）Ａ：いらっしゃいませ。きょうはいかがなさいますか。
Ｂ：えっと…カットを…。
Ａ：はい、わかりました。お荷物はありますか。
Ｂ：いいえ。

１．Ａ：こちらで少々お待ちください。
Ｂ：あ、はい。
Ａ：雑誌をご覧ください。
Ｂ：あ、どうも。

２．Ａ：お客様、シャンプーをいたしますので、シャンプー台までお願いいたします。
Ｂ：はい。
Ａ：（店内に向かって叫ぶ）シャンプーにはいります。（しばらくして客に向かって）熱くございませんか。
Ｂ：ええ。

３．Ａ：お疲れさまでした。鏡の前にどうぞ。
Ｂ：え、どこですか。
Ａ：鏡の前です。ご案内いたします。こちらにおかけください。係の者が参りますので、しばらくお待ちください。

４．Ａ：お待たせいたしました。今日はカットでございますね。
Ｂ：ええ。
Ａ：どのぐらいお切りしましょうか。
Ｂ：短くしてください。ちょっと暑くって…。
Ａ：はい、かしこまりました。

５．Ａ：では、ブローいたします。熱かったらおっしゃってください。
Ｂ：はい。（しばらくして）あっちっち。
Ａ：あ、失礼いたしました。

Ⅰ-1. 들으십시오.

1. 머리를 자릅니다. 커트를 합니다. 커트합니다.
2. 파마를 합니다.
3. 머리를 감습니다. 샴푸를 합니다. 샴푸합니다.
4. 드라이를 합니다. 드라이합니다.
5. 수염을 깎습니다. 얼굴을 면도합니다.

Ⅰ-2. **테이프의 대화를 듣고, 내용 순서대로 번호를 쓰시오**

보기 A : 어서 오십시오. 오늘은 어떻게 하시겠습니까?
B : 에…커트를….
A : 예, 알았습니다. 휴대품은 없습니까?
B : 아니오.

1. A : 여기에서 잠시 기다려 주십시오.
B : 아, 예.
A : 잡지를 보시지요?
B : 아, 고맙습니다.

2. A : 손님, 샴푸를 하겠으니 샴푸대로 와 주십시오.
B : 예.
A : (가게 안을 향해서 외친다) 샴푸를 하십니다. (잠시 후, 손님을 향해서) 뜨겁지 않습니까?
B : 예.

3. A : 수고하셨습니다. 거울 앞으로 와 주십시오.
B : 예? 어디요?
A : 거울 앞입니다. 안내해 드리겠습니다. 여기에 앉으십시오. 담당자가 오니까, 잠시 기다려 주십시오.

4. A : 오래 기다려셨습니다. 오늘은 커트를 하시는 거죠.
B : 예.
A : 어느 정도 잘라 드릴까요?
B : 짧게 해 주세요. 조금 더워서….
A : 예, 알았습니다.

5. A : 그러면, 드라이를 하겠습니다. 뜨거우시면 말씀해 주십시오.
B : 예. (잠시 후) 앗, 뜨거워!
A : 아, 실례했습니다.

6．A：お疲れさまでした。お客様のおかばんはお預かりしていますか。
B：いいえ。
A：それでは、本日はシャンプー、カット、ブローで4,500円いただきます。
B：ええと。4,000…？
A：4,500円でございます。
B：じゃこれで…。
A：1万円お預かりいたします。5,500円のお返しです。どうもありがとうございました。

II．テープを聞いて、最初に希望していた髪形と、できあがった後の髪形を下から選びなさい。

例）A：いかがなさいますか。
B：ええと、短く切ってください。
A：どのぐらい。
B：とても短くしたいんです。
A：前髪はどうしますか。
B：あまり短くしないでください。
—1時間後—
A：いかがでしょうか。
B：うん。男の子みたいでいいわ。でも、ちょっと前髪が短いわ。
A：大丈夫ですよ。すぐに長くなりますから。
B：ううん。

1．A：きょうは、いかがなさいますか。
B：ええと、パーマをかけたいんですけど…。
A：カットはどうしましょうか。
B：切らなくてもいいです。
A：パーマは強くかけますか、弱くかけますか。
B：初めてなのであまり強くかけないでください。
A：はい。わかりました。
—1時間後—
A：お客様、鏡をご覧ください。いかがですか。
B：まあ、これじゃあパーマがかかりすぎだわ。
A：でも、弱くかけたんですよ。
B：だけど、ロック歌手みたいだわ。
A：最近は、このくらい派手なほうがいいですよ。
B：でも…。

2．A：どうしましょうか。
B：パーマをかけたいんです。

6. A : 수고하셨습니다. 손님의 가방은 맡겨 두셨습니까?
B : 아니오.
A : 그러면, 오늘은 샴푸, 커트, 드라이로 합계 4,500엔이 되겠습니다.
B : 에…. 4,000…?
A : 4,500엔입니다.
B : 자, 이걸로.
A : 1만 엔 받았습니다. 거스름돈 5,500엔입니다. 대단히 감사합니다.

II. 테이프를 듣고, 처음에 희망하던 머리 스타일과, 완성된 후의 머리 스타일을 아래에서 고르시오.

보기 A : 어떻게 하시겠습니까?
B : 에…, 짧게 깎아 주세요.
A : 어느 정도로?
B : 아주 짧게 하고 싶어요.
A : 앞머리는 어떻게 할까요?
B : 너무 짧게 하지 마세요.
—한 시간 후—
A : 어떻습니까?
B : 응. 남자아이 같아서 좋아요. 하지만, 조금 앞머리가 짧은데요.
A : 괜찮습니다. 곧 길어지니까요.
B : 으응.

1. A : 오늘은, 어떻게 하시겠습니까?
B : 에…, 파마를 하고 싶은데요….
A : 커트는 어떻게 할까요?
B : 자르지 않아도 됩니다.
A : 파마는 강하게 할까요? 약하게 할까요?
B : (파마는) 처음이니까 너무 강하게 하지 마십시오.
A : 네, 알았습니다.
—한 시간 후—
A : 손님, 거울을 봐 주십시오. 어떻습니까?
B : 어머나, 이건 참, 파마가 너무 강하게 나왔어.
A : 하지만 약하게 했는걸요.
B : 그렇지만, 록가수 같잖아요.
A : 요즘은 이 정도로 화려하게 하는 편이 좋습니다.
B : 그래도….

2. A : 어떻게 할까요?
B : 파마를 하고 싶어요.

A：カットはどうしますか。

B：肩ぐらいまで切ってください。学校の規則で、肩より長くしてはいけないことになってるんです。

A：へえ。厳しいんですね。パーマは大丈夫なんですか。

B：ううん。先生にわからないようにかけてください。

A：難しい注文だなあ。でも、パーマをかけるなら前髪だけにしたほうがいいですよ。

B：じゃあ、そうしてください。

—１時間後—

A：できましたよ。

B：まあ、ちょっと短いわ。肩までって言ったのに。

A：あ、そうでしたね。すみません。

B：パーマもちょっと強くない？先生にわかっちゃう。どうしよう。

３．A：今日は…。

B：ええと、カット。

A：どんな髪形がよろしいですか。

B：にわとりのような頭にしたいんです。

A：え、にわとり…ですか。あの、コケコッコーの。

B：ええ、あの頭の真ん中だけ毛があって、あとは髪の毛がない…。

A：あ、わかりました。

—１時間後—

A：いかがでしょうか。

B：げっ。ちょっと真ん中の毛、切りすぎじゃあ…。

A：でも、お客様のおっしゃるとおりに切ったんですよ。

B：僕が言ったのはもっと長いの。こんな短いんじゃ外歩けないじゃないですかあ。

A：困りましたねえ。どうしましょう。

B：もういいです。全部切ってください。

A：剃る…ということでしょうか。

B：そうです。剃ってください。

—20分後—

A：これでよろしいですか。

B：あああ。変な頭。しばらく帽子をかぶろう。

A : 커트는 어떻게 하겠습니까?
B : 어깨 근처까지 잘라 주세요. 학교 규칙에 어깨보다 길게 해서는 안 되게 되어 있거든요.
A : 예에? 엄하군요. 파마는 괜찮은가요?
B : 으응. 선생님이 (봐도) 모르도록 해 주세요.
A : 어려운 주문인데…. 하지만, 파마를 하려면 앞머리만 하는 편이 좋겠는데요.
B : 그럼, 그렇게 해 주세요.

——한 시간 후——

A : 다 되었습니다.
B : 어머나, 조금 짧은데요. 어깨까지라고 했는데도….
A : 아, 그랬었군요. 미안합니다.
B : 파마도 조금 강하지 않아요? 선생님이 알고 말텐데. 어떻게 하지….

3. A : 오늘은….
B : 에…, 커트.
A : 어떤 머리형이 좋을까요?
B : 닭과 같은 머리로 하고 싶습니다.
A : 에? 닭…말입니까? 저, 꼬끼오 하고 우는?
B : 예, 저, 머리 한 가운데에만 머리카락이 있고, 그 외는 머리카락이 없는….
A : 아, 알았습니다.

——한 시간 후——

A : 어떠십니까?
B : 으앗, 가운데 머리카락, 너무 깎은 게….
A : 하지만, 손님이 말씀하신 대로 깎았는데요.
B : 내가 말한 건 더 길다구요. 이렇게 짧아서야 바깥을 돌아다닐 수 없잖아요.
A : 곤란하게 됐네요. 어떻게 할까요?
B : 할 수 없죠, 괜찮습니다. 다 깎아 주세요.
A : 머리를 민다…라는 말씀입니까?
B : 그래요. 밀어 주세요.

——20분 후——

A : 이제 괜찮습니까?
B : 아이고, 이상한 머리. 당분간 모자를 써야겠네.

ANSWER

I.

3	例	
5		2
1	4	6

II. 1. C→H　　2. F→I　　3. B→D

제32과

日本の昔話

일본의 옛날 이야기

토픽·어휘 딱딱(カチカチ) 산

학습 내용 ① 이야기를 들으며 대의를 파악하고, 결말을 예상한다.
(테이프 시간 : 8분 38초)
② 〈문법 · 문형〉 수동형

연습 요령

- Ⅰ-1단계 : 테이프의 수동 표현을 듣고, 적당한 그림을 고른다.
- Ⅰ-2단계 : 테이프의 수동 표현과 수수(授受) 표현을 듣고, 말한 사람의 기호에 ○를 표시한다.
- Ⅱ-1단계 : 테이프의 이야기를 듣고, 바른 순서대로 기호를 기입한다.
- Ⅱ-2단계 : 이야기의 뒷부분을 듣고, 전체적인 내용을 파악한다.

AURAL TEST

Ⅰ－1．テープを聞いて、適当な絵を選びなさい。

A

B

C

D

E

F

G

H

I

例（D）　**1**（　　）　**2**（　　）　**3**（　　）

4（　　）　**5**（　　）　**6**（　　）

I－2．どちらが言いましたか。例のように○をつけなさい。

例

1

2

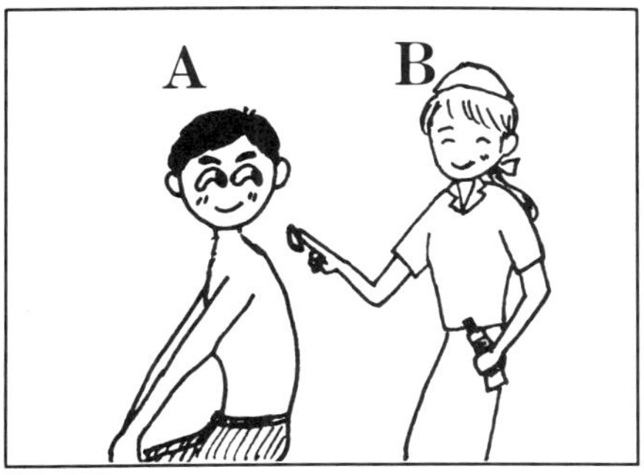

3

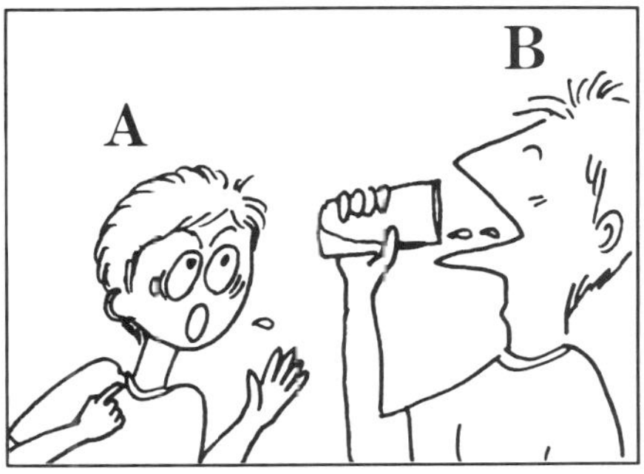

4

5

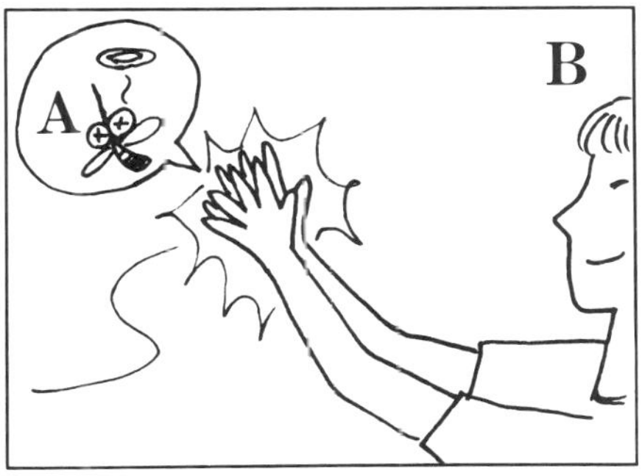

6

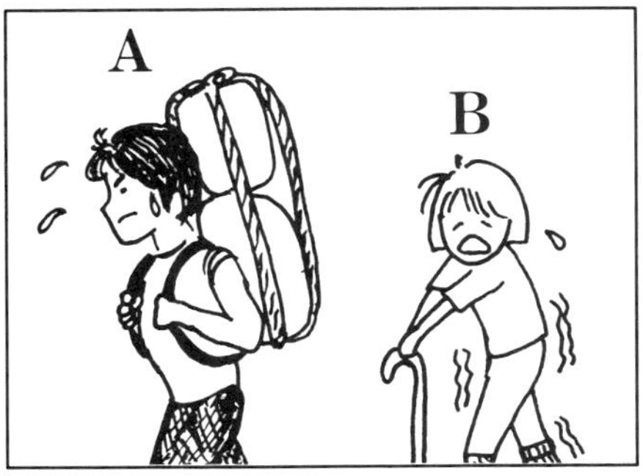

7

II－1．テープの話を聞いて、正しい順番に記号を書きなさい。

登場人物

おじいさん　おばあさん　たぬき　うさぎ

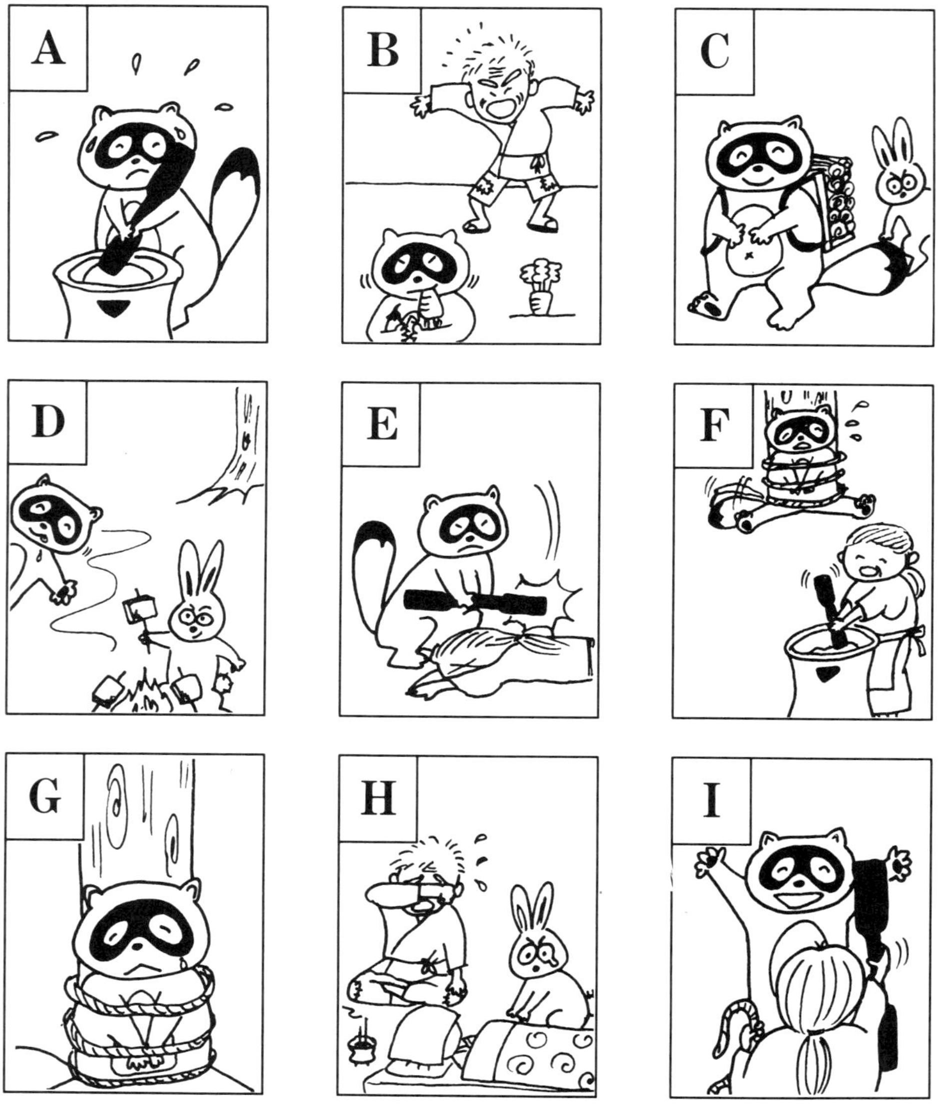

例	1	2	3	4	5	6	7
B							

★話の続きを考えてみましょう。

〈ヒント〉下の絵はうさぎが使ったものです。

火打ち石(火をつける石)

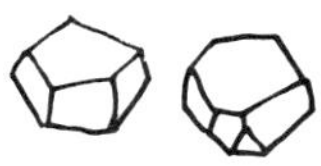

木の船

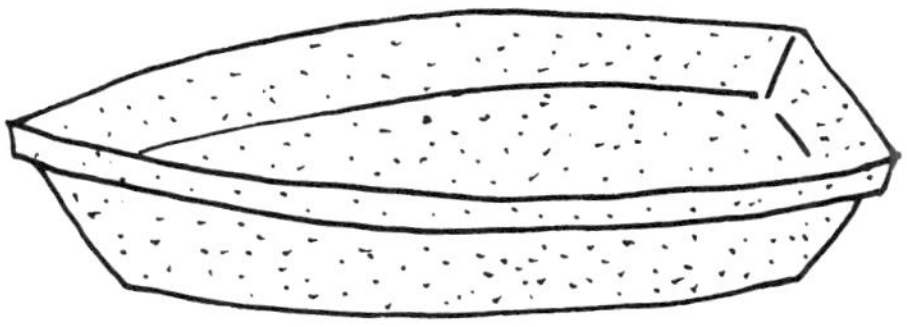

土の船

II－2．話の続きを聞いてください。

SCRIPT

Ⅰ－１．テープを聞いて、適当な絵を選びなさい。

例）監督に叱られました。

１．蚊に刺されました。

２．髪を短く切られました。

３．火をつけられました。

４．顔に墨を塗られました。

５．足を踏まれました。

６．ひもで縛られました。

Ⅰ－２．どちらが言いましたか。例のように○をつけなさい。

例）野菜を盗まれました。

１．捕まえられました。

２．薬を塗ってもらいました。

３．ジュースを飲まれました。

４．ひもをほどいてもらいました。

５．蚊を殺しました。

６．荷物を背負ってもらいました。

７．火をつけました。

Ⅱ－１．テープの話を聞いて、正しい順番に記号を書きなさい。

例）語り：昔々あるところにおじいさんとおばあさんが住んでいました。
おじいさんは畑で野菜を作っています。でも、いつもたぬきに野菜を盗まれて困っていました。ある日、畑に行くとたぬきが野菜を盗んでいました。

１．爺さん：こらっ、このわるだぬき。
語：おじいさんはたぬきを捕まれました。そして、たぬきはおじいさんのうちへ連れて行かれました。
爺：おばあさんや、今夜はたぬきスープを食べよう。
語：おじいさんはたぬきを縛ってから、また畑へ行きました。

２．たぬき：ごめんよう。もう、悪いことはしないから、ひもをほどいてください。
語：たぬきは泣きながら言いました。でも、おばあさんはお餅を作る準備で忙しくて何も聞いていませんでした。おばあさんはお餅を作り始めました。
婆さん：ああ、疲れる、疲れる、年をとると大変じゃ。
た：おばあさん、ぼくがやってあげるよ。だから、ひもをほどいてよ。ねえ。ほどいてよ。
語：たぬきは何度も何度も頼みました。

３．語：たぬきに何度も頼まれたおばあさんは
婆：そうかい、そうかい、それじゃあ、かわりにやってもらおうか。
語：と言って、おばあさんはたぬきのひもをほどいてあげました。
婆：さあ、この棒でおいしいお餅を作っておくれ。

４．た：この棒はこう使うんだ。

I-1. 테이프를 듣고, 적당한 그림을 고르시오.

보기 감독에게 꾸중을 들었습니다.

1. 모기에 물렸습니다.
2. 머리를 짧게 깎였습니다.
3. 불이 붙었습니다.
4. 얼굴에 먹물이 칠해졌습니다.
5. 발을 밟혔습니다.
6. 끈으로 묶였습니다.

II-2. 어느 쪽이 말했습니까? 보기와 같이 ○를 표기하시오.

보기 야채를 도둑맞았습니다.

1. 잡혔습니다.
2. (남이) 약을 발라 주었습니다.
3. (남이) 주스를 먹었습니다.
4. (남이) 끈을 풀어 주었습니다.
5. 모기를 죽였습니다.
6. (남이) 짐을 져 주었습니다.
7. 불을 붙였습니다.

II-1. 테이프의 이야기를 듣고, 옳은 순서대로 기호를 쓰시오.

보기 내레이션 : 옛날 어느 곳에 할아버지와 할머니가 살고 있었습니다. 할아버지는 밭에서 야채를 재배하고 있습니다. 그러나 언제나 너구리에게 야채를 도둑맞아 곤란해 하고 있었습니다. 어느 날, 밭에 가 보니 너구리가 야채를 훔치고 있었습니다.

1. 할아버지 : 이놈, 이 나쁜 너구리 녀석.
   내레이션 : 할아버지는 너구리를 잡았습니다. 그리고 할아버지는 너구리를 집으로 끌고 갔습니다.
   할아버지 : 할멈, 오늘 밤은 너구리 수프를 먹읍시다.
   내레이션 : 할아버지는 너구리를 묶어 놓은 후, 다시 밭으로 갔습니다.

2. 너구리 : 용서하세요. 이젠, 나쁜 짓을 하지 않을 테니, 끈을 풀어 주세요.
   내레이션 : 너구리는 울면서 말했습니다. 그러나, 할머니는 떡을 만들 준비로 바빠서 아무것도 듣지 못했습니다. 할머니는 떡을 만들기 시작했습니다.
   할머니 : 아아, 피곤하다, 피곤해, 나이가 들면 어쩔 수 없어.
   너구리 : 할머니, 내가 해 드릴게요. 그러니, 끈을 풀어 주세요. 네…, 풀어 주세요.
   내레이션 : 너구리는 몇 번이고 몇 번이고 부탁했습니다.

3. 내레이션 : 너구리에게 여러 번 부탁을 받은 할머니는
   할머니 : 그래, 그러겠니, 그럼 내 대신에 일을 해 주겠니?
   내레이션 : 라고 하며, 할머니는 너구리의 끈을 풀어 주었습니다.
   할머니 : 자아, 이 방망이로 맛있는 떡을 만들어 줘.

4. 너구리 : 이 방망이는 이렇게 쓰는 거야.

語：たぬきは棒でおばあさんを打ちました。
婆：ぎゃあ。
語：おばあさんはたぬきに殺されてしまいました。

5．語：うちへ帰ったおじいさんはびっくりしました。おばあさんが倒れているのです。
爺：おばあさん、おばあさん。
語：おじいさんに何度呼ばれても、おばあさんの返事はありません。そこへいつも、おばあさんににんじんをご馳走してもらっているうさぎが来ました。
うさぎ：悪いたぬきにおばあさんが殺されたんだ。親切で優しいおばあさん。ぼくの大好きなおばあさん。たぬきめ。

6．語：うさぎはたぬきのうちの前でお餅を焼きました。
た：くんくん、いいにおいだ。ぼくにもお餅をおくれ。
う：いいよ。そのかわり木を運ぶのを手伝って。
た：いいよ。そんなの簡単さ。

7．語：たぬきはお餅を食べると、木を背負ってうさぎの前を歩きました。

II—2．話の続きを聞いてください。

語：うさぎはカチカチと火打ち石を打ちました。この石で火をつけることができるのです。
た：うさぎさん、カチカチ音がするけど、何の音？
う：ここはカチカチ山だからカチカチ鳥が鳴いているんだよ。
語：うさぎはそう言いながら、たぬきの背中にある木に火をつけました。
…火が燃える音がします。
た：うさぎくん、ボウボウ音がするけど、何の音？
う：ここはボウボウ山だからボウボウ鳥が鳴いているんだよ。
語：そのうち、たぬきの背中に火がつきました。
た：あっちっち。ぎゃあ、熱いよ。助けてくれえ。
語：うさぎに火をつけられたたぬきは大やけどをしてしまいました。
次の日、うさぎがたぬきのお見舞いに行きました。
う：たぬきさん、やけどに効く薬を持って来たよ。
た：それは、ありがとう。早く薬を塗ってください。
語：うさぎがたぬきの背中に薬を塗ると、
た：ぎゃあ、痛いよ。
語：たぬきはうさぎにからいみそを塗られたのでした。そして、もっと具合が悪くなってしまいました。しばらくして、またうさぎがお見舞いに来ました。
う：たぬき君、海に魚をとりに行こうよ。きっとやけども治るよ。
語：ずっと寝ていて何も食べていないたぬきは、喜んで海に行きました。

내레이션 : 너구리는 방망이로 할머니를 쳤습니다.
할머니 : 악 !
내레이션 : 할머니는 너구리에게 맞아서 죽고 말았습니다.

5. 내레이션 : 집에 돌아온 할아버지는 깜짝 놀랐습니다. 할머니가 쓰러져 있는 것입니다.
할아버지 : 할멈, 할멈.
내레이션 : 할아버지가 몇 번 불러도, 할머니의 대답은 없습니다. 그때 마침, 언제나 할머니에게 당근을 얻어 먹고 있던 토끼가 왔습니다.
토끼 : 나쁜 너구리에게 할머니가 죽음을 당했다. 친절하고 다정한 할머니. 내가 제일 좋아하는 할머니. 이 너구리놈.

6. 내레이션 : 토끼는 너구리의 집 앞에서 떡을 구웠습니다.
너구리 : 킁킁, 좋은 냄새군. 내게도 떡을 줘.
토끼 : 좋아. 그 대신 나무 나르는 것을 도와 줘.
너구리 : 좋아. 그거야 간단하지.

7. 내레이션 : 너구리는 떡을 먹은 후, 나무를 짊어지고 토끼 앞을 걸어 갔습니다.

II-2. **이야기의 다음을 들으십시오.**

내레이션 : 토끼는 딱딱 소리를 내며 부싯돌을 두드렸습니다. 이 돌로 불을 붙일 수 있는 것입니다.
너구리 : 토끼 씨, 딱딱 소리가 나는데, 무슨 소리 ?
토끼 : 여기는 딱딱산이니까, 딱딱새가 울고 있는 거야.
내레이션 : 토끼는 그렇게 말하면서, 너구리 등에 있는 나무에 불을 붙였습니다. …불이 타는 소리가 납니다.
너구리 : 토끼 군, 활활 소리가 나는데, 무슨 소리 ?
토끼 : 여기는 활활산이니까, 활활새가 울고 있는 거야.
내레이션 : 그 사이에, 너구리의 등에 불이 붙었습니다.
너구리 : 앗, 뜨거워. 아이고, 뜨거워라. 살려 줘 !
내레이션 : 토끼에게 불이 붙여진 너구리는 큰 화상을 입었습니다.
다음 날, 토끼가 너구리를 문병하러 갔습니다.
토끼 : 너구리 군, 화상에 잘 듣는 약을 가져 왔어.
너구리 : 그래요, 고마워. 빨리 약을 발라 줘.
내레이션 : 토끼가 너구리의 등에 약을 바르자,
너구리 : 아야, 아퍼.
내레이션 : 토끼는 너구리에게 매운 된장을 바른 것입니다. 그래서, 상태가 더욱 악화되고 말았습니다. 며칠이 지난 후, 또 토끼가 문병을 왔습니다.
토끼 : 너구리 군, 바다로 고기를 잡으러 가자구. 틀림없이 화상도 나을 거야.
내레이션 : 계속 누워만 있느라 아무 것도 먹지 못한 너구리는, 기뻐하며 바다로 갔습

海には土で造った大きい船と木で造った小さい船がありました。

た：ぼくは、大きい船に乗るよ。魚をたくさんとるからね。

う：ああ、いいよ。じゃ、ぼくは小さいほうに乗るね。

語：たぬきは土で造られた大きい船に乗って、海へ出ました。

うさぎとたぬきはたくさん魚をとりました。しかし、やがて、たぬきの乗った船に水が入ってきました。

た：わあ、船がこわれる、助けてくれ。

語：たぬきは泳げないのです。でも、うさぎの船は木で造られているので大丈夫です。

た：うさぎくん、助けて、苦しいよ。

う：おばあさんはもっと苦しかっただろうね。

た：助けて、助けて…。

語：たぬきは海の中で死んでしまいました。

人に悪いことをしたら必ず、自分も同じようになるのです。そんなむかし、むかしの物語でした。

니다. 바다에는 흙으로 만든 큰 배와 나무로 만든 작은 배가 있었습니다.

너구리 : 나는 큰 배를 탈 거야. 고기를 많이 잡을 테니까 말이야.

토끼 : 그래, 좋아. 그럼, 나는 작은 배를 타겠어.

내레이션 : 너구리는 흙으로 만들어진 큰 배를 타고 바다로 나갔습니다.
토끼와 너구리는 고기를 많이 잡았습니다. 그러나 이윽고 너구리가 탄 배에 물이 들어왔습니다.

너구리 : 우아, 배가 부서진다, 살려 줘!

내레이션 : 너구리는 헤엄칠 줄 모르는 것입니다. 그러나 토끼의 배는 나무로 만들어져 있어서 아무 일이 없습니다.

너구리 : 토끼 군, 도와 줘, 괴로워요.

토끼 : 할머니는 아마 더욱더 괴로웠을 거야.

너구리 : 살려 줘, 살려 줘.

내레이션 : 너구리는 바다 가운데에서 죽고 말았습니다.
남에게 나쁜 짓을 하면, 반드시 자기도 같은 일을 당하게 되는 것입니다.
그러한 옛날 옛날의 이야기였습니다.

ANSWER

Ⅰ1. 1. B 2. H 3. E 4. C 5. F 6. G

Ⅰ2. 1. B 2. A 3. A 4. A 5. B 6. B 7. B

Ⅱ1. 1. G 2. F 3. I 4. E 5. H 6. D 7. C

제33과

詩をよむ。

시를 읊다.

토픽·어휘 시 읽기

학습 내용 ① 여러 가지 음조로 읽는 시를 듣고, 어떤 사람이 읊고 있는가를 생각하여 본다. (테이프 시간 : 4분 05초)

② 〈문법 · 문형〉 ～のような, ～ように

연습 요령

- I 단계 : 테이프를 듣고, 해당하는 그림의 번호를 기입한다.
- II-1단계 : 「러셀」의 시를 읽은 후, 테이프를 듣는다. 각각 다른 음조로 시를 읽고 있는 다섯 사람의 직업과 성격을 생각하여 본다.
- II-2단계 : 마지막에 다시 한번 시를 듣고 감상한다.

AURAL TEST

I．テープを聞いて番号を書きなさい。

II－１．次の詩を読んでから、テープを聞いてください。５人の人がこの詩を読んでいます。どんな職業、またはどんな性格の人が読んでいるか考えてください。

ラッセル

高橋　堅

雪の斜面を友は登る
雪をかき
高々と足を上げ
時には風をこらえて岩のように
その中で微笑む目は
朝の陽射しのようにさわやかだ

1	
2	
3	
4	
5	

II－２．では、最後にもう一度この詩を聞いてください。

SCRIPT

Ⅰ．テープを聞いて番号を書きなさい。

例）にわとりのような人

1．ボールのように丸い顔
2．大根のような足
5．馬のように顔が長い人
6．山のような宿題
7．ホテルのようなうち
8．アイスクリームのような雲
3．猫のような目
4．プールのように広いお風呂
9．女のように笑う男の人
10．お相撲さんのように食べる人
11．鉛筆のように細い人

Ⅱ―1．次の詩を読んでから、テープを聞いてください。5人の人がこの詩を読んでいます。どんな職業、またはどんな性格の人が読んでいるか考えてください。

1．バスガイド、またはエレベーターガール風に読む
2．政治家、または社長が演説しているように読む
3．アナウンス風に読む
4．新劇の役者のように読む
5．ミステリー風、幽霊のように読む

ラッセル

高橋　堅

雪の斜面を友は登る
雪をかき
高々と足を上げ
時には風をこらえて岩のように
その中で微笑む目は
朝の陽射しのようにさわやかだ

Ⅱ―2．では、最後にもう1度この詩を聞いてください。

感情をこめて鑑賞用に読む

Ⅰ. **테이프를 듣고 번호를 쓰시오.**

보기 닭과 같은 사람

1. 공처럼 둥근 얼굴
2. 무 같은 다리
3. 고양이 같은 눈
4. 풀처럼 넓은 목욕탕
5. 말처럼 얼굴이 긴 사람
6. 산더미 같은 숙제
7. 호텔과 같은 집
8. 아이스크림과 같은 구름
9. 여자처럼 웃는 남자
10. 씨름 선수처럼 먹는 사람
11. 연필처럼 마른 사람

Ⅱ-1. **다음 시를 읽은 후, 테이프를 들으십시오. 다섯 사람이 이 시를 읽고 있습니다. 어떤 직업, 또는 어떤 성격을 가진 사람이 읽고 있는가를 생각하여 보시오.**

1. 버스 가이드(관광 안내원), 또는 엘리베이터 걸이 말하는 식으로 읽는다.
2. 정치가, 또는 사장이 연설하는 것처럼 읽는다.
3. 아나운서 식으로 읽는다.
4. 신극(新劇)의 배우처럼 읽는다.
5. 미스테리 식, 또는 유령처럼 읽는다.

러　셀

다까하시 겐

눈 비탈을 친구는 올라 간다
눈을 헤치며
드높이 다리를 올려
때로는 바람을 참아가며 바위처럼
그 가운데서 미소짓는 눈은
아침 햇살처럼 상쾌하기도하다

Ⅱ-2. **그러면, 마지막으로 다시 한 번 이 시를 읽어 보시오.**

감정을 넣어 감상용으로 읽는다.

ANSWER

Ⅰ.

1	8	4
10	例	7
3	11	2
6	5	9

Ⅱ 1．１．バスガイドまたはエレベーターガール　　２．政治家または社長
　　３．アナウンサー　　４．新劇の役者　　５．幽霊

제34과

身の上相談

신상 상담

토픽·어휘 신상 상담

학습 내용 ① 신상에 관한 상담 편지와 사례 편지를 기초로 하여 조언을 듣는다. (테이프 시간 : 6분 28초)

② 〈문법 · 문형〉 사역형

연습 요령

- I 단계 : 테이프를 듣고 사용되고 있는 동사를 찾아서, 괄호 속에 해당하는 번호를 기입한다.
- II 단계 : 고민 상담의 편지로 문제가 제기되었고, 사례의 편지에서는 이미 문제가 해결된 상태이다. 테이프를 들은 후 누구의 발언으로 해결의 실마리를 얻었는지 생각하여 본다.

AURAL TEST

I．テープの中で使われている動詞をさがして、例のように［　］の中に番号を書きなさい。

［　］努力する	［　］解決する	［　］考える
［　］やる	［例１］習う	［　］食べる
［　］勉強する	［　］影響を与える	［　］やめる
［　］教える	［例２］連れていく	［　］悩む
［　］卒業する	［　］する	［　］うかがう（きく）
［　］質問する	［　］いただく（もらう）	

II．悩み相談の手紙とお礼の手紙を読んだ後でテープを聞き、どの人がどんな意見を言ったか、絵の下の空欄にメモしなさい。そして、お礼の手紙の中の○○先生が誰か考えなさい。

悩み相談の手紙

高校生の娘を持つ母親です。娘はひとりっ子で高校２年になりますが、最近、学校へ行かなくなってしまって、どうしたらいいか悩んでいます。１年の時は元気に学校に通っていたのですが、急に学校が嫌いになったようです。ときどき、「どうして英語や数学を勉強しなくちゃいけないの？」と言って母親の私を困らせます。最近は学校にも行かないで渋谷や新宿に出かけて、夜、遅くうちに帰ってきます。私が学校でのことを心配して注意しても「もう学校をやめるからいいの。」と言って私の言うことを聞きません。
どうしたらいいのでしょうか。

(45才　主婦　A子)

お礼の手紙

お昼のワイドショーの皆様

先日は私の悩みを聞いてくださり、本当にありがとうございました。先生方からいろいろなアドバイスをいただき、なんとお礼を申しあげていいのかわかりません。
あれから娘は自分で学校をやめてしまいました。今は近くのラーメン屋でアルバイトをしています。とても楽しそうです。私たち夫婦はとても心配していますが、今は明るい娘にもどったので、少しほっとしています。
勉強は大切ですが、もう少しおちついてからまた夜間高校のことなども考えたいと思います。
娘のことを通して私も考え方が変わりました。特に ○○先生 がおっしゃった言葉が印象深く心に残っています。私自身が変わらなければ、娘も変わりません。そのように考えてみますと、これまで私は娘に多くのことを要求しすぎていたような気がします。私自身が変わりながら、これからのことを娘と一緒に考えたいと思います。
皆様のより一層のご活躍をお祈りいたします。

かしこ

7月26日

A子

SCRIPT

Ⅰ．テープの中で使われている動詞をさがし、例のようにかっこの中に番号を書きなさい。

例1）子供に絵を習わせようと思っています。
例2）子供の頃、よく父に海に連れて行ってもらいました。
1．難しい大きな問題は、お母さんが一緒に考えてあげてください。
2．親の考え方が子供にも影響を与えています。
3．子供に好きなことをさせたらどうですか。
4．嫌いなものは無理に食べさせないでください。
5．子供が、「ピアノは嫌いだ。」と言うので1か月でやめさせました。
6．アドバイスをいただきたいんですが……。
7．努力する事が大切です。
8．この問題は難しくて、簡単に解決することはできません。
9．今、皆さんがいちばん関心がある問題について、お話をうかがいたいと思います。

Ⅱ．悩み相談の手紙とお礼の手紙を読んだ後でテープを聞き、どの人がどんな意見を言ったか、絵の下の空欄にメモしなさい。そして、お礼の手紙の中の○○先生が誰か、考えなさい。

司会：ええ、お昼のワイドショー身の上相談の時間です。皆様、ご機嫌いかがですか。ええ、今日はこういうお手紙をいただきました。高校生のお子さんの問題でお悩みのA子さんのケースですが、ええ、今日は実はA子さんにこのスタジオに来ていただいていますので、実際にお話をうかがいながら皆様のご意見をお話いただきたいと思います。ゲストの方々は、東東大学教授の石井先生(石井：よろしく。)、作家の鈴木先生(鈴木：どうぞよろしく。)、そして、教育評論家の田中先生です(田中：よろしくお願いします。)。先生方、よろしくお願い致します。
それではさっそくですが、このA子さんの悩みについて、どのように解決したらよいか、お話をうかがいたいと思います。
ええ、では、石井先生いかがでしょうか。

石：ええ、そうですね。私は子供の好きなようにさせるのがいいと思いますね。まあ、無理に学校へ行かせたりやりたくない英語や数学をやらせるより、子供の好きなこと、たとえば、料理が好きなら料理を作らせたり、絵が好きなら絵をかかせたりしたほうがいいと思いますね。学校はやめてもいいんじゃないですか。勉強はしたい時にすればいいんですよ。
A子さん、娘さんはどんなことが好きなんですか。

A子：そうですね。何が好きか、ちょっと…。

田：学校をやめるというのは、少し問題があると思いますね。…あのう、私が今言ってもいいですか。

司：ええ、どうぞ、田中先生。

田：私は親が一緒に子どもの問題を考えなくてはいけないと思うんです。例えば、子供が学校に行きたくないと言ったら、一緒に学校まで行ってあげる、また、宿題でわから

Ⅰ. 테이프 가운데에서 쓰이고 있는 동사를 찾고, 보기와 같이 괄호 안에 번호를 쓰시오.

보기 1. 아이에게 그림을 배우게 하려고 생각 중입니다.
보기 2. 어릴 때, 아버지가 자주 바다로 데려가 주셨습니다.
1. 어려운 큰 문제는, 어머니가 함께 생각해 주십시오.
2. 부모의 사고 방식이 아이에게도 영향을 줍니다.
3. 아이에게 좋아하는 것을 시키면 어떨까요?
4. 싫어하는 음식은 억지로 먹이지 마십시오.
5. 아이가, 「피아노는 싫다.」고 해서 한 달만에 그만두게 하였습니다.
6. 조언을 듣고 싶습니다만….
7. 노력하는 것이 중요합니다.
8. 이 문제는 어려워서, 간단히 해결할 수는 없습니다.
9. 지금, 여러분이 제일 관심을 갖고 계신 문제에 대해 말씀을 듣고 싶습니다.

Ⅱ. 고민 상담 편지와 감사 편지를 읽은 후, 테이프를 듣고 어떤 사람이 어떤 의견을 말했는가를 그림 아래에 있는 공란에 메모하시오. 그리고 감사 편지 중의 ○○선생이 누구인가를 생각하여 보시오.

사회 : 에…, 정오의 와이드 쇼 신상 상담 시간입니다. 여러분, 안녕하십니까? 에…, 오늘은 이런 서신을 받았습니다. 고교생 자제분의 문제로 고민하고 계시는 A꼬 씨의 케이스입니다만, 에…, 오늘은 실은 A꼬 씨께서 이 스튜디오에 와 계시기 때문에, 실제로 말씀을 여쭈면서 여러분의 고견을 말씀해 주셨으면 합니다. 게스트 여러 선생님은, 도또대학교 교수이신 이시이 선생님(이시이 : 잘 부탁합니다.), 작가이신 스즈끼 선생님(스즈끼 : 잘 부탁드립니다.), 그리고 교육 평론가이신 다나까 선생님입니다(다나까 : 잘 부탁드립니다.). 여러 선생님, 잘 부탁드립니다. 그러면 바로 A꼬 씨의 고민에 대해서, 어떻게 해결하면 좋을지, 말씀을 듣고자 합니다. 에…, 그러면, 이시이 선생님 어떻게 생각하십니까?

이시이 : 에…, 글쎄요. 저는 아이가 하고 싶어 하는 대로 시키는 것이 좋을 것 같습니다. 그저, 억지로 학교에 보내거나 하고 싶지 않은 영어나 수학을 시키는 것 보다는 아이가 좋아하는 일, 예를 들면 요리를 좋아하면 요리를 만들게 하거나, 그림을 좋아하면 그림을 그리게 하거나 하는 편이 좋으리라고 생각되는군요. 학교는 그만두어도 좋지 않을까요. 공부는 하고 싶을 때에 하면 되는 것입니다. A꼬 씨, 따님은 어떤 일을 좋아합니까?

A꼬 : 글쎄요. 무엇을 좋아하는지, 좀….

다나까 : 학교를 그만둔다는 것은, 조금 문제가 있다고 생각됩니다. …저기, 제가 지금 말씀드려도 괜찮습니까?

사회 : 네, 하십시오, 다나까 선생님.

다나까 : 저는 부모가 함께 아이의 문제에 대해 생각하여야 한다고 생각합니다. 예를 들면, 아이가 학교에 가고 싶지 않다고 하면, 함께 학교까지 가 준다든가,

ないところがあったら親も一緒に考えてあげる、とかですね……最近の高校の問題は難しいですからね。どうですか、A子さん、今までお子さんと一緒に勉強するということがありましたか。

A：いいえ、私は勉強のことはよくわかりませんので…それに、うちの娘は小さい時からよく勉強する子で、よく1人で勉強していましたので大丈夫だと思っていたんです。

田：ううん、大丈夫だと思ってもねえ……とにかく無理にでも学校へ連れて行くことが大切ですね。

A：はい…。

司：あのう、鈴木先生はどうお考えですか。

鈴：はい、ええと、ちょっとA子さんに質問してもいいですか。

司：ええ、どうぞ。

鈴：それでは、A子さんにご質問しますが、A子さんは今お仕事をしていらっしゃいますか。

A：いいえ、結婚してから仕事はしていません。家庭の主婦です。

鈴：じゃあ、今、A子さんにとって、いちばん関心のあることは何ですか。

A：それはもちろん娘のことです。娘の問題を考えると、夜も寝られないんです。

司：そうですよね。石井先生、いかがでしょう。

石：んん…。やっぱり1度学校をやめさせたらどうですか。そして、音楽や絵を習わせたほうがいいですよ。学校は意味がありません。

鈴：あの、いいですか。

司：あ、鈴木先生、どうぞ。

鈴：私はお母さんが自分自身の好きなことをやればいいと思うんですよ。いつも子供のためとか、家族のために何かをするというのでは、本当に子供の問題に答えることはできないと思うんですよ。

田：鈴木先生、それはどういうことですか。今は娘さんの問題であって、お母さんの問題ではないと思うんですが…。

鈴：ええ、でも、親の生き方が子供に影響を与えると思うんです。いつも子どものことばかり考えて、子供に何かさせようとするのはよくないと思うんです。親も自分のやりたいことを持っていつも努力していれば、子供もそれを見て学ぶことができるんじゃないかと思うんですよ。

田：鈴木先生も、石井先生も、もっとお子さんの学校のことや勉強のことを考えてくださいよ。最近は女の子でもみんな大学に進学しますからねえ。例えば、お母さんが勉強がわからないなら、いい家庭教師をさがして勉強を教えてもらうというのもいいと思いますけどね。

司：ええ、皆さんからいろいろなご意見が出ましたけど、A子さん、参考になったでしょうか。

A：はい、いろいろなアドバイスをいただきましたので、また、うちへ帰って考えてみたいと思います。ありがとうございました。

또는, 모르는 숙제가 있으면 부모도 함께 생각해 준다든가 하는 식이지요….
최근의 고등학교 문제는 어려우니까요. 어떻습니까? A꼬 씨, 지금까지 자제분과 함께 공부한 적이 있으신지요?

A꼬 : 아니오, 저는 공부에 대해서는 잘 몰라서…게다가, 우리 집 딸은 어렸을 때부터 공부를 잘 하는 아이여서, 혼자서 공부를 잘 하고 있었기 때문에 문제없다고 생각했었습니다.

다나까 : 으응, 문제없을 것이라고 생각해도 말이죠…어쨌든 억지로라도 학교에 데리고 가는 것이 중요합니다.

A꼬 : 네….

사회 : 저어, 스즈끼 선생님은 어떻게 생각하십니까?

스즈끼 : 네, 에…, 좀 A꼬 씨에게 질문해도 되겠습니까?

사회 : 네, 하십시오.

스즈끼 : 그러면, A꼬 씨에게 질문드립니다만, A꼬 씨는 지금 직업을 가지고 계십니까?

A꼬 : 아니오, 결혼한 후 직업은 갖지 않았습니다. 가정 주부입니다.

스즈끼 : 그럼, 지금, A꼬 씨에게 제일 관심이 있는 일은 무엇입니까?

A꼬 : 그거야 물론 딸에 관한 일입니다. 딸의 문제를 생각하면, 밤에도 잠이 안 옵니다.

사회 : 그렇겠지요. 이시이 선생님, 어떻습니까?

이시이 : 으응, 역시 한번 학교를 그만두게 하면 어떨까요? 그리고 음악이나 그림을 배우게 하는 편이 좋아요. 학교는 의미가 없습니다.

스즈끼 : 저, 괜찮겠습니까?

사회 : 아, 스즈끼 선생님, 말씀하십시오.

스즈끼 : 저는 어머니가 자기 자신이 좋아하는 것을 하면 된다고 생각합니다. 언제나 아이를 위해서라든가, 가족을 위해서 무엇을 한다라는 것으로는, 정말로 아이 문제에 답할 수 없다고 생각합니다.

다나까 : 스즈끼 선생님, 그건 무슨 말입니까? 지금은 따님에 관한 문제이지, 어머니의 문제가 아니라고 생각하는데요….

스즈끼 : 에…, 하지만, 부모의 생활 방식이 아이에게 영향을 준다고 생각합니다. 언제나 아이에 관한 일만 생각하고, 아이에게 무엇을 시키려고 하는 것은 좋지 않다고 생각합니다. 부모도 자기가 하고 싶은 일을 가지고 언제나 노력하고 있으면, 아이도 그것을 보고 배우게 되는 것이 아닐까 하고 생각합니다.

다나까 : 스즈끼 선생님도, 이시이 선생님도, 더욱 아이의 학교나 공부에 대해 생각해 주시지요. 최근은 여자아이라도 모두 대학에 진학하니까요. 예를 들면, 어머니가 공부에 대해 모르면, 좋은 가정 교사를 찾아서 공부를 지도받는다는 것도 좋겠다고 생각됩니다만.

사회 : 에…, 여러분으로부터 여러 가지 의견이 나왔습니다만, A꼬 씨, 참고가 되셨는지요?

A꼬 : 예, 여러 가지 조언을 해 주셨기 때문에, 집에 가서 다시 생각해 보고 싶습니다. 감사합니다.

ANSWER

Ⅰ.　1．考える　2．影響を与える　3．する　4．食べる　5．やめる
6．いただく　7．努力する　8．解決する　9．うかがう

Ⅱ.　石井：子供の好きなようにさせる、学校をやめる、音楽や絵を習わせる
鈴木：お母さんが自分の好きなことをする、親の生き方が子供に影響を与える
田中：親が一緒に考える、(無理にでも) 学校へ連れていく
○○先生：鈴木先生

제35과

今がチャンス

지금이 찬스

토픽·어휘 선택

학습 내용 ① 올바른 선택을 위한 여러 가지 정보를 듣는다.
(테이프 시간 : 6분 10초)
② 〈문법 · 문형〉 ～(る)ところです, ～ているところです,
～たところです

연습 요령

- I 단계 : 테이프를 듣고, 테이프의 내용과 맞는 그림에 ○를 표기한다.
- II-1단계 : 대화 내용을 듣고, 선택한 것에 ○를 표기한다.
- II-2단계 : 놀다가 귀가가 늦어진 『싱』 군이 바깥에서 전화를 걸어서, 어떠한 행동을 취하기로 했는가에 대해, 테이프를 듣고 알아본다.

AURAL TEST

I．テープを聞いて、テープの内容と合う絵に○をつけなさい。

例

1

2

3

4

II－1．会話を聞いて、選んだものに○をつけなさい。

例	二越デパート	ミルネ	ダイヤデパート	文化屋
	（　）	（　）	（◯）	（　）
1	ミセスドーナツ	二郎寿司	学食	ステーキとサラダの店
	（　）	（　）	（　）	（　）

2

日本映画フェスティバル	アジア映画祭り	男はつらいよ	ローマの休日
新宿シネマ	上野パラダイス	池袋シネマ	新宿パラダイス
11:00～13:50 14:00～16:50 17:00～19:50	10:30～11:55 12:00～14:25 14:30～15:55	10:00～11:35 11:45～13:20 13:30～15:05	11:30～13:50 14:00～16:20 16:30～19:20
（　）	（　）	（　）	（　）

II－2．遊んでいて遅くなった伸ちゃんが外から電話をしています。
伸ちゃんはどこから入ることにしましたか。テープを聞いて考えてください。

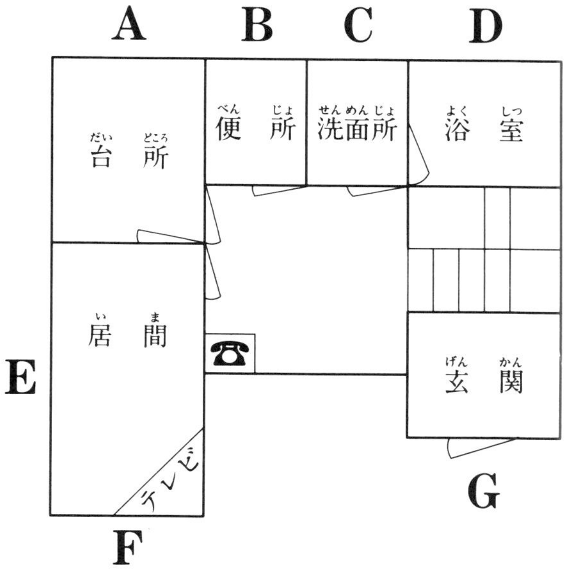

SCRIPT

Ⅰ．テープを聞いて、テープの内容と合う絵に○をつけなさい。

例）今、映画が始まるところです。
1．今、鳥が入りました。入ったところです。
2．今、チン選手がゴールに入るところです。
3．魚を食べているところです。
4．宿題が終わったところです。

Ⅱ―1．会話を聞いて、選んだものに○をつけなさい。

例）Ａ：あら、パクさん。素敵なワンピースですね。
Ｂ：先週の日曜日に二越デパートへ行ったら、バーゲンをしているところだったんです。安かったんですよ。
Ａ：ほんとうですか。今、ミルネへ行くところだけど、二越へ行こうかしら。
Ｂ：でも、バーゲンはきのうで終わってしまいましたよ。
Ａ：まあ、残念。
Ｂ：ミルネのバーゲンは明日からじゃありませんか。ダイヤデパートはきのうから始まってますよ。
Ａ：まだ、いいものがあるかしら。
Ｂ：さあ、とにかく、行ってみたらどうですか。あそこにはいいものがありますよ、いつも。
Ａ：そうですね。

1．Ａ：ねえ、ジョンさん、もうごはん食べた？
Ｂ：今、ミセスドーナツへ行くところだけど、一緒に行かない？学食はちょっと混んでいるし…。
Ａ：ありがとう。でも、ドーナツはちょっと…。
Ｂ：でも、サービスタイムよ、今。
Ｃ：ねえねえ、アンジニさん、ジョンさん、ごはんはもう食べた？
Ｂ：いいえ、私もアンジニさんもまだなの。
Ｃ：11時から１時まで、二郎寿司で、１人1,500円食べ放題をやっているんだけどどう？
Ａ：食べ放題って、いくら食べても1,500円ということ？
Ｃ：そうよ。どう？
Ｂ：今、ミセスドーナツに行こうと思ってたところだけど、どうしようかな。
Ｃ：今、何時、アンジニさん。
Ａ：12時５分よ。
Ｃ：じゃあ、ドーナツは無理ね。12時までだから。
Ａ、Ｂ：あ、そうなんだ。
Ａ：それじゃあ、サラダの食べ放題はないかしら。ほら、ステーキ屋さんの。

Ⅰ. **테이프를 듣고, 테이프의 내용과 맞는 그림에 ○를 표기하시오.**

보기 지금, 영화가 막 시작하려는 참입니다.
1. 지금, 새가 들어왔습니다. 막 들어온 참입니다.
2. 지금, 진 선수가 골인하려는 참입니다.
3. 생선을 먹고 있는 중입니다.
4. 숙제가 지금 막 끝났습니다.

Ⅱ-1. **대화를 듣고, 선택한 것에 ○를 표기하시오.**

보기 A : 어머, 박씨. 멋진 원피스네요.
B : 지난 주 일요일에 후따꼬시 백화점에 갔더니, 바겐 세일 중이었어요. 값이 쌌어요.
A : 정말이에요? 지금, 미루네로 가려는 중인데, 후따꼬시로 갈까….
B : 하지만, 바겐 세일은 어제로 끝나 버렸는걸요.
A : 그래요, 억울해라.
B : 미루네의 바겐 세일은 내일부터잖아요? 다이야 백화점은 어제부터 시작했어요.
A : 아직도 좋은 것이 남아 있을까….
B : 자아, 어쨌든, 가 보면 어떻겠어요? 거기는 좋은 것이 있어요, 언제나.
A : 글쎄요.

1. A : 저어…, 존 씨, 벌써 밥 먹었어?
B : 지금, 막 미세스 도넛에 가려는 중인데, 함께 가지 않겠어? 학교 식당은 좀 혼잡해서….
A : 고마워. 하지만, 도넛은 조금….
B : 그렇지만, 서비스 타임이야, 지금.
C : 저…저…, 안지니 씨, 존 씨, 밥은 벌써 먹었어?
B : 아니, 나도 안지니 씨도 아직이야.
C : 11시부터 1시까지, 지로 초밥집에서, 한 사람당 1,500엔짜리 부페(食べ放題)가 있는데, 어때?
※ 食べ放題(たべほうだい)란 특정 음식을 마음껏 먹을 수 있는 제도를 가리킨다.
A : 그 부페란, 아무리 먹어도 1,500엔이라는 말이야?
C : 그래요. 어때?
B : 지금, 미세스 도넛에 가려고 생각 중이었는데, 어떻게 할까?
C : 지금, 몇 시? 안지니 씨.
A : 12시 5분이야.
C : 그럼, 도넛은 무리인데. 12시까지니까.
A, B : 아, 그렇구나.
A : 그렇다면, 샐러드 부페는 없을까? 저기, 스테이크 집 같은 데 말이야.

Ｃ：あるけど、１時からよ。
Ｂ：ちょうど、授業が始まる時間ね。
Ｃ：じゃ、やっぱり、あそこの食べ放題しかないわよ、ね。
Ａ、Ｂ：そうね。

２．Ａ：ごめん。
Ｂ：どうしたの？もう11時よ。
Ａ：反対方向の電車に乗ってしまって…、本当にごめん。
Ｂ：いいけど、どうする？映画。(Ａ：えっ？)だって、11時からよ。もう、間に合わないわ。今、始まったところだもの…。
Ａ：でも…。
Ｂ：私はいやよ。始まっているところに行くのは。
Ａ：そうだね。ごめん。
Ｂ：何かいいのはないかしら。
Ａ：あっ、これは？
Ｂ：でも、10時半からよ。それに上野は新宿から遠いわよ。
Ａ：おもしろそうなのに…。(また他のをみつけて) これは？「男はつらいよ」。
Ｂ：池袋ね。これ、おもしろいのよね…。あっ、でも、10時よ。
Ａ：あ、これ、これ、見たかったんだ。11時半からだし、これにしようよ。
Ｂ：ああ、これ。
Ａ：とってもロマンチックな映画だよ。
Ｂ：オードリ・ヘップバーンが出る映画ね。でも、もう見たし、あんまり…。
Ａ：じゃあ、どうする？
Ｂ：やっぱりこれよ。
Ａ：でも、もう始まっているよ、１時間も前に。
僕たちが着く頃は終わっているよ。
Ｂ：だから、いいのよ。今から行けば、11時40分ごろには着くし…。
Ａ：ああ、なるほど、次の映画には間に合うね。
Ｂ：これなら、あまり待たないで、最初から見られるわよ。
Ａ：よし、じゃあ、早く行こう。

II－２．遊んでいて遅くなった伸ちゃんが外から電話をしています。伸ちゃんはどこから入ることにしましたか。テープを聞いて考えてください。

Ａ：もしもし、山崎でございますが。
Ｂ：あっ、おねえちゃん。
Ａ：伸ちゃん、何しているの。
Ｂ：電話しているところだよ。
Ａ：わかっているわよ。だから…どこで？
Ｂ：うちの横の電話ボックス。

C : 있지만, 1시부터야.
B : 꼭 수업이 시작하는 시간인데.
C : 그럼, 역시, 거기 부페밖에 없네, 그렇지?
A, B : 그렇군.

2. A : 미안.
B : 무슨 일이 있었어? 벌써 11시인데.
A : 반대 방향으로 가는 전차를 타 버려서 그만…, 정말 미안.
B : 괜찮지만, 어떻게 할 거야? 영화. (A : 엣?) 이러나저러나, 11시부터란 말이야. 벌써 늦었어. 지금 막 시작했을 텐데….
A : 그래도….
B : 나는 싫어. 시작한 데 가는 건.
A : 그렇겠지, 미안해.
B : 뭔가 좋은 것이 없을까?
A : 앗, 이건?
B : 하지만, 10시 반부터잖아. 더구나 우에노는 신주꾸에서 멀단 말이야.
A : 재미있을 것 같은데 말야…. (또 다른 것을 찾아 내고) 이건? 「남자는 괴로워」.
B : 이께부꾸로네. 이것, 재미있는 건데…. 앗, 하지만, 10시인데.
A : 아, 이거, 이거, 보고 싶었던 거야. 11시 반부터이니까, 이것으로 하자구.
B : 아아, 이거.
A : 아주 로맨틱한 영화란 말이야.
B : 오드리 햅번이 나오는 영화인데. 하지만, 이미 본 거고, 그다지….
A : 그럼, 어떻게 할래?
B : 역시 이거야.
A : 하지만, 벌써 시작했을 텐데, 한 시간이나 전에. 우리가 도착할 무렵에는 끝나 있을 거야.
B : 그러니까, 좋다는 거야. 이제부터 가면, 11시 40분쯤에는 도착할 테고….
A : 아아, 정말. 다음 영화에는 시간에 맞을 거야.
B : 이거라면, 얼마 기다리지 않아도, 맨 처음부터 볼 수 있어.
A : 좋아, 그럼, 빨리 가자.

II-2. 놀다가 늦어진 싱 군이 바깥에서 전화를 하고 있습니다. 싱 군은 어디로 들어가기로 하였습니까? 테이프를 듣고 생각하여 보시오.

A : 여보세요, 야마사끼입니다만.
B : 앗, 누나.
A : 싱, 무엇 하고 있는 거야.
B : 전화하고 있는 중이야.
A : 그건 알아. 그러니까…어디서?
B : 우리 집 옆 공중 전화 박스.

A：どうするの。お父さんもお母さんも、とっても怒っているわよ。もう、うちの子じゃないって、うちに入れないって。玄関の鍵を閉めてしまったわよ。

B：どうしよう…。ねえ、お父さん、今、何している？

A：テレビを見ているところよ。おじいちゃんと一緒に。

B：お母さんは、今どこ？

A：台所でお皿を洗っている…あっ、洗ってしまったわ。あっ、こっちへ来る。

(急に声を変えて) よし子、元気？…うん、そうそう。

B：おねえちゃん、どうしたの？

A：ばかね、嘘をついたのよ。

B：あ、そっか。それで、お母さんは？

A：ええと、玄関に行ったところよ。

B：何をするつもりかなあ。ああ、おうちに帰りたいよ。

A：待って。あっ、お父さん、今お風呂に入るところよ。洗面所に行ったわ。

B：じゃあ、お風呂の窓からは入れないね。

A：そうね。玄関ではお母さんが靴を磨いているし…。

B：トイレは？

A：おばあちゃんが入っているわ。ちょっと長いのよね…。２階から入るのも無理ね。あっ、今ならあそこは大丈夫よ。

B：あそこ？…ああ、あそこだね。

A：そう、あそこから入ったらどう？

B：うん、おねえちゃん、ありがとう。

A：어떻게 할 거야. 아빠도 엄마도, 아주 화나 계셔. 이젠, 우리 아이가 아니라고 하시면서, 집에 들여 놓지 않겠다고 하셔. 현관 자물쇠를 잠그고 말았어.

B：어떻게 하지…. 응…, 아빠, 지금 뭐 하고 계셔?

A：텔레비전을 보고 계시는 중이야. 할아버지하고.

B：엄마는, 지금 어디?

A：부엌에서 접시를 씻고 계셔…앗, 다 씻었어. 앗, 이쪽으로 오셔.
(갑자기 목소리를 바꾸며) 요시꼬, 잘 있었어?…응, 그래 그래.

B：누나 왜 그래?

A：이 바보야, 거짓말을 한 거야.

B：아, 그런가. 그래서 엄마는?

A：저…, 막 현관으로 가셨어.

B：뭘 하실 작정이시지? 아아, 집에 돌아가고 싶어.

A：기다려. 앗, 아빠, 지금 막 목욕하시려고 해. 세면장에 가셨어.

B：그럼, 욕실 창문으로는 들어 갈 수 없네.

A：그래. 현관에서는 어머니가 구두를 닦고 계시고….

B：화장실은?

A：할머니가 들어가 계셔. 좀 오래 계시는데…. 2층으로 들어오는 것도 무리고 말이야.
앗, 지금이라면, 거기는 괜찮을 거야.

B：거기?…아아, 거기 말이지.

A：그래, 거기로 들어오면 어때?

B：응, 누나, 고마워.

ANSWER

Ⅰ.　1．C　　2．A　　3．A　　4．C

Ⅱ1．1．二郎寿司　　2．男はつらいよ

Ⅱ2．A

제36과

もうひとつのシンデレラ

또 하나의 신데렐라

토픽·어휘 신데렐라(패러디)

학습 내용 ① 이야기를 들어서 대의를 파악하고, 결말을 예상한다.
(테이프 시간 : 8분 06초)
② 〈문법 · 문형〉 사역수동형

연습 요령

- I 단계 : 수동 · 사역 · 사역수동 · 수수(授受) 표현 등 혼합 문제를 듣고, 해당하는 말에 ○를 표기한다.
- II-1단계 : 다른 또 하나의 신데렐라의 이야기를 듣고, 내용의 순서대로 번호를 기입한다.
이야기의 흐름에 주의하며, 이 새로운 신데렐라의 결말을 예상하여 본다.
- II-2단계 : 이야기의 계속을 듣고, 자신이 생각한 이야기와 비교하여 본다.

AURAL TEST

Ⅰ．テープを聞いて、例のようにどちらかを○で囲みなさい。

例1	母	わたし
例2	佐藤	先輩
例3	先生	わたし

第1問	田中	蚊
第2問	佐藤	わたし
第3問	田中	お母さん
第4問	先生	わたし
第5問	佐藤	先輩
第6問	母	チョウ
第7問	佐藤	田中
第8問	母	わたし
第9問	友だち	わたし
第10問	シンデレラ	お姉さん

II—1．もうひとつのシンデレラの話を聞いて、内容の順に番号を書きなさい。

★シンデレラはお金持ちの息子と結婚できるでしょうか。この話を最後まで考えてください。

II—2．話の続きを聞いて、皆さんの考えた話と比べてください。

SCRIPT

Ⅰ．テープを聞いて、例のようにどちらかを○で囲みなさい。

例１）子供の頃、母は私に野菜を食べさせました。食べさせられたのは。
例２）きのう佐藤さんは先輩にお酒を飲ませられたそうです。お酒を飲ませたのは。
例３）今、いろいろな先生に日本語を教えていただいています。教えているのは。

さあ、それでは問題です。
第１問．キャンプの時、田中さんは蚊に刺されたそうです。刺したのは。
第２問．佐藤さんに荷物を持ってもらいました。持ってもらったのは。
第３問．田中さんはいつもお母さんに買い物に行かせられます。
買い物に行くのは。
第４問．先生はタイ料理を召し上がったことがないというので、先日、タイ料理の店にご案内しました。案内してもらったのは。
第５問．佐藤さんは大学の野球部に入って、毎日先輩に走らせられています。
走っているのは。
第６問．母が台湾へ行った時、チョウさんがいろいろ親切にしてくださいました。
親切にしてもらったのは。
第７問．佐藤さんが遅れたので、田中さんは30分も待たせられました。
待たせたのは。
第８問．母はピアノが好きなので、子供の頃私に習わせて、毎日練習させました。
練習させられたのは。
第９問．友だちにたくさんお酒を飲ませられました。飲んだのは。
第10問．シンデレラはこわいお姉さんに毎日掃除をさせられました。掃除をさせたのは。
はい、皆さんは、何問できましたか。

Ⅱ－１．もうひとつのシンデレラの話を聞いて、内容の順に番号を書きなさい。

例）昔、あるところに汚ない服を着たきれいな女の子がいました。その女の子はシンデレラと呼ばれていました。女の子の本当のお母さんは死んで、新しいお母さんと新しいお姉さんに、毎日掃除をさせられていました。
１．シンデレラはお皿を洗わせられたり、お姉さんの服を洗濯させられたりしていましたが、心の中では、「どうして私だけがこんな仕事をさせられるのかしら。将来は、きっとあのお姉さんに私の仕事を全部させてやるわ。」と、思っていました。そうです。シンデレラはとても気が強かったのです。
２．ある日、お金持のうちでパーティーをすることになりました。シンデレラは「チャンスだわ。」と思いました。でも、お姉さんはシンデレラにドレスを貸してくれません。それどころか靴を磨かせたり、髪をきれいにさせたりしました。
３．準備ばかりさせられて、シンデレラはついに怒り出しました。「冗談じゃないわ。なによこんな髪の毛。」と言って、お姉さんの髪の毛を切ってしまいました。「きゃあ。何をするの。これじゃパーティーに行けないわ。」とお姉さんは泣き出しました。
「ふん。よく似合ってるわよ、その髪形。」

I -1. **테이프를 듣고, 보기와 같이 해당하는 쪽에 ○를 치시오.**

보기 **1.** 어릴 때, 어머니는 나에게 야채를 먹였습니다. 먹은 사람은?
보기 **2.** 어제 사또 씨는 선배가 시켜서 술을 마셨다고 합니다. 술을 마시게 한 사람은?
보기 **3.** 지금, 여러 선생님에게 일본어를 배우고 있습니다. 가르치고 있는 사람은?

자아, 그러면 문제입니다.
제 1 문. 캠프 때, 다나까 씨는 모기에게 물렸다고 합니다. 문 것은?
제 2 문. 사또 씨가 짐을 들어 주었습니다. 짐을 드는 데 드움을 받은 사람은?
제 3 문. 다나까 씨는 언제나 어머니가 시켜서 물건을 사러 갑니다. 물건을 사러 가는 사람은?
제 4 문. 선생님이 태국 요리를 잡수신 적이 없다고 하셔서, 전번에 태국 요리 식당에 안내해 드렸습니다. 안내를 받은 사람은?
제 5 문. 사또 씨는 대학 야구부에 들어가서, 매일 선배가 시켜서 달리기를 하고 있습니다. 달리기를 하는 사람은?
제 6 문. 어머니가 대만에 갔을 때, 조 씨가 여러 가지로 친절하게 대해 주셨습니다. 친절한 대접을 받은 사람은?
제 7 문. 사또 씨가 늦었기 때문에, 다나까 씨는 어쩔 수 없이 30분이나 기다렸습니다. 기다리게 한 사람은?
제 8 문. 어머니는 피아노를 좋아하시기 때문에, 어릴 때 나에게 배우게 하여, 매일 연습시켰습니다. 연습시킨 사람은?
제 9 문. 친구가 시켜서 술을 많이 마셨습니다. 마신 사람은?
제10문. 신데렐라는 무서운 언니가 시켜서 매일 청소를 했습니다. 청소를 시킨 사람은?
자아, 여러분은, 몇 문제 맞았습니까?

II -1. **또 하나의 신데렐라의 이야기를 듣고, 내용 순서대로 번호를 쓰시오**

보기 옛날, 어느 곳에 더러운 옷을 입은 예쁜 여자아이가 있었습니다. 그 여자아이는 신데렐라라고 불리고 있었습니다. 여자아이의 친어머니는 죽었으며, 새어머니와 새언니가 시켜서 매일 청소를 하고 있었습니다.

1. 신데렐라는 어쩔 수 없이 접시를 씻기도 하고, 언니의 옷을 빨기도 하고 있었는데, 마음속으로는, 「어째서 나에게만 이런 일을 시키는 것일까. 나중에 꼭 저 언니에게 내 일을 모두 시키고 말 테야.」 하고 생각하고 있었습니다. 그렇습니다. 신데렐라는 대단히 성격이 강했습니다.
2. 어느 날, 부잣집에서 파티를 열게 되었습니다. 신데렐라는 「찬스가 왔다.」 하고 생각했 습니다. 하지만, 언니는 신데렐라에게 드레스를 빌려 주지 않습니다. 그렇기는커녕, 구두를 닦게 하거나, 머리를 예쁘게 손질하게 하거나 했습니다.
3. 준비만 시켰기 때문에, 신데렐라는 드디어 화를 냈습니다. 「장난이 아니야, 뭐야 이 따위 머리카락.」 하며, 언니의 머리카락을 잘라 버렸습니다. 「꺅, 뭐 하는 거야. 이런 모양으로는 파티에 갈 수 없게 됐잖아.」 하고 언니는 울기 시작했습니다. 「흥. 잘 어울리는데, 그 머리 모양.」

4．さあ、今度はシンデレラがパーティーの準備をする番です。お姉さんのドレスを着て、きれいに化粧をしました。「やっと自由になったわ。今日のパーティーでお金持ちの息子と恋人になって、結婚してみせるわ。オーホッホッ…。」

5．シンデレラは死んだお母さんにもらったガラスの靴をはいてパーティーに行きました。パーティーは３日間です。シンデレラはお金持ちの息子と踊りながら考えました。「この３日のうちになんとか恋人にならなくちゃ…でも、どうすればいいかしら…。私が毎晩12時前にパーティー会場からいなくなれば…、お金持の息子はどうしたんだろうと思うはずだわ。うん、そうよ。そして３日目に私のこのガラスの靴を１つだけ階段に落としていけば、息子はきっと私をさがすわ。」

6．３日目、シンデレラは走りながらガラスの靴を脱ぎました。しかし、とても急いでいたので、ガラスの靴を２つとも脱いでしまいました。「あ。いけない。」シンデレラは靴を取ろうとしました。そのとき、「シンデレラ。待ってくれ。」と、お金持ちの息子があとから走ってきました。シンデレラはそのまま走ってうちへ帰りました。

II－2．話の続きを聞いて、皆さんの考えた話と比べてください。

お金持ちの息子はシンデレラが通った階段を同じように降りていきました。階段にはガラスの靴が落ちていました。でも、ガラスの靴には色がありません。それに、外は夜です。息子にはガラスの靴が見えませんでした。

そこに、パーティーから帰る若い女の人が来ました。「あら、何かしら。あの、キラキラ光っているのは…。」そして、ガラスの靴に近づきました。「まあ、すてきな靴。ガラスの靴だわ。はいてみましょう。…あら、ぴったり。はいて帰りましょう。」そう言って、その女の人はガラスの靴をはいて帰ってしまいました。

次の日。シンデレラはお金持ちの息子が来るのをずっと待っていました。そして、夜になりました。「変だわ…。どうしたのかしら。どうしてあの人は私をさがしに来ないのかしら。でも、希望を持って頑張りましょう。あの人が私のところに来る日まで…。」

お金持ちの息子は来ませんでした。でも、シンデレラは明日を信じて暮らしました。

4. 자아, 이번에는 신데렐라가 준비를 할 차례입니다. 언니의 드레스를 입고, 예쁘게 화장을 했습니다.「겨우 마음대로 하게 됐다. 오늘 파티에서 부잣집 아들과 연인이 되어, 결혼해 보일 테다. 호호호….」
5. 신데렐라는 죽은 어머니에게 받은 유리 구두를 신고 파티에 갔습니다. 파티는 3일 동안 계속됩니다. 신데렐라는 부잣집 아들과 춤추면서 생각했습니다.「이번 사흘 안에 어떻게든 연인이 돼야 할 텐데…하지만, 어떻게 하면 좋을까…. 내가 매일 밤 12시 전에 파티 장소에서 없어지면…, 부잣집 아들은 무슨 일이 생겼나 하고 생각하겠지. 응, 그래. 그리고 3일째에 내 유리 구두를 하나만 계단에 떨어뜨리고 간다면, 그 아들은 꼭 나를 찾겠지.」
6. 3일째, 신데렐라는 달리면서 유리 구두를 벗었습니다. 그러나, 너무 서둘러서, 유리 구두를 두 개 다 벗고 말았습니다.「아, 안 돼.」신데렐라는 구두를 집으려고 하였습니다. 그때,「신데렐라. 기다려 줘.」하며, 부잣집 아들이 뒤에서 달려 왔습니다. 신데렐라는 그대로 집으로 돌아갔습니다.

II-2. **이야기의 다음을 듣고, 여러분이 생각한 이야기와 비교하시오.**

부잣집 아들은 신데렐라가 지나간 계단을 똑같이 내려갔습니다. 계단에는 유리 구두가 떨어져 있었습니다. 하지만, 유리 구두는 색깔이 없습니다. 게다가 바깥은 밤입니다. 그 아들에게는 유리 구두가 보이지 않았습니다.

그때, 파티에서 돌아가던 젊은 여자가 왔습니다.「어머나, 뭘까? 저, 반짝반짝 빛나는 게…」그리고 유리 구두 있는 곳으로 다가왔습니다.「어머나, 멋진 구두. 유리 구두네. 신어 보자. …어머, 꼭 맞네. 신고 가야지.」이렇게 말하며, 그 여자는 유리 구두를 신고 돌아가 버렸습니다.

다음 날. 신데렐라는 부잣집 아들이 오기를 쭉 기다리고 있었습니다. 그리고, 밤이 되었습니다.「이상하네. 어떻게 된 걸까? 어째서 그 사람은 나를 찾으러 오지 않을까? 그래도, 희망을 가지고 참고 기다려 보자. 그 사람이 내가 있는 곳으로 올 때까지….」

부잣집 아들은 오지 않았습니다. 그러나, 신데렐라는 내일을 믿으며 살았습니다.

ANSWER

I. 第1問. 蚊　第2問. 私　第3問. 田中
第4問. 先生　第5問. 佐藤　第6問. 母
第7問. 佐藤　第8問. 私　第9問. 私
第10問. お姉さん

II 1.

例		4
	1	3
2	6	5

NEW Bunka NIHONGO 청취특별훈련 2

초판발행	1994년 11월 20일
1판 14쇄	2019년 8월 10일
저자	文化外国語専門学校日本語科
주해	이인식
책임편집	서대종, 조은형, 신명숙, 무라야마토시오, 김지은
펴낸이	엄태상
콘텐츠 제작	김선웅, 최재웅
마케팅	이승욱, 오원택, 전한나, 왕성석
온라인 마케팅	김마선, 김제이, 유근혜
경영기획	마정인, 조성근, 박현숙, 김예원, 김다미, 전태준, 오희연
물류	유종선, 정종진, 최진희, 윤덕현, 신승진
펴낸곳	시사일본어사(시사북스)
주소	서울시 종로구 자하문로 300 시사빌딩
주문 및 교재 문의	1588-1582
팩스	(02)3671-0500
홈페이지	www.sisabooks.com
이메일	book_japanese@sisadream.com
등록일자	1977년 12월 24일
등록번호	제300 - 1977 - 31호

ISBN 978 -89-402-4131-8 18730
978 -89-402-4120-2 18730 (set)

日本 文化外国語専門学校日本語課程와 라이센스 독점 출판